不对抗的青春期

40个成长关键问题

速查指南

朴学万卷 编著

人民邮电出版社

北京

图书在版编目（CIP）数据

不对抗的青春期：40个成长关键问题速查指南 / 朴
学万卷编著. -- 北京：人民邮电出版社，2024.6
ISBN 978-7-115-64167-0

Ⅰ. ①不… Ⅱ. ①朴… Ⅲ. ①青春期－家庭教育
Ⅳ. ①G782

中国国家版本馆CIP数据核字(2024)第076686号

内 容 提 要

青春期的孩子，面临着学业的压力、成长的困惑、自我追求的懵懂……家长们
会担忧孩子能否顺利度过青春期？如何帮助孩子管理情绪、应对学业压力、找寻自
我认同？又该如何培养初中生独立性，使其适应社交环境？这本书，即为家长解答
这些关键问题，助力孩子稳健成长。

本书主要针对青春期的孩子及其家长，围绕青春期情绪管理、学业压力排解、
自我认同探索、独立性培养以及社交困境适应 5 个方面展开，提供了共 40 个情境
案例，分析说明孩子可能出现的问题及其背后的心理机制，再提供相应的亲子互动
方式和情景改善策略，旨在帮助家长和孩子共同建立良好的成长环境，解决青春期
孩子成长、学习过程中的种种问题。

本书针对孩子青春期成长多方面的内容，包含理论阐述、案例分析和实操建议，
形成了一套完整、系统的家庭教育指南。

- ◆ 编　　著　朴学万卷
　　责任编辑　陈　晨
　　责任印制　马振武
- ◆ 人民邮电出版社出版发行　　北京市丰台区成寿寺路 11 号
　　邮编　100164　　电子邮件　315@ptpress.com.cn
　　网址　https://www.ptpress.com.cn
　　北京鑫联华印刷技术有限公司印刷
- ◆ 开本：880×1230　1/32
　　印张：5　　　　　　　　　　　　2024 年 6 月第 1 版
　　字数：201 千字　　　　　　　　2024 年 6 月北京第 1 次印刷

定价：39.80 元

读者服务热线：**(010)81055410**　印装质量热线：**(010)81055316**
反盗版热线：**(010)81055315**
广告经营许可证：**京东市监广登字 20170147 号**

前言

面对孩子青春期这个关键阶段，你可能既感到期待又有些忧虑。在这个时期，孩子们不仅要适应全新的学校环境，还要面对更加严峻的学业挑战，建立新的社交关系，同时还要应对身心上的种种变化。这对孩子而言，无疑是充满挑战的成长重要阶段，也是一次重大的成长机会。

作为家长，**你的支持和引导对孩子至关重要。**在孩子适应新环境的过程中，多一些耐心和理解，少一些焦虑和急躁，会对他们大有帮助。举个例子，如果孩子在新学校遇到了困难，你可以先听听他们的想法和困扰，然后一起探讨解决问题的策略，比如一起制订学习计划，或是帮助他们找到适合的学习资源。

假设你的孩子最近因为很难融入新的同学圈子，在新学校感到孤独。这对于正处于青春期的孩子来说是一个普遍的问题，他们可能会因此感到焦虑和沮丧。当你注意到孩子变得沉默寡言，或者不愿意谈论学校的事情时，要抓住机会，与孩子沟通。

你可以找一个合适的时机，比如晚餐后的休息时间，轻松地问他："最近学校怎么样？和同学们相处得怎么样？"这样的问题可以给孩子一个机会表达自己在社交方面的困扰。

如果孩子表达了自己觉得难以融入的感受，你可以回应道："我理解你在新环境中可能会感到不适应。每个人都会有找新朋友的过程，这需要一些时间。我们一起想想，有没有你感兴趣的活动或兴趣小组。参加这些活动可能会帮助你认识和你有共同兴趣的同学。"

通过这种方式，你不仅向孩子展示了理解和关心，还提供了具体的建议，帮助他们找到解决方案。同时，这也是一个教育孩子如何面对社交挑战、建立人际关系的机会。你的支持和引导能帮助孩子逐步克服孤独感，学会在新环境中建立友谊。

除此之外，**孩子在这个阶段也非常需要得到家长的鼓励。**

假设你的孩子最近开始对自己的外貌感到自卑，这在青春期是非常常见的。他可能因为自己的身高、体重或皮肤问题而感到不安，在学校变得越来越不愿意与人交流。你注意到他开始避免参加之前喜欢的活动，比如学校的体育课或者朋友聚会。

在这种情况下，你可以跟他说："我注意到你最近有些不同，是不是在学校有什么事情让你烦恼了？"给孩子一个安全的空间，让他们知道家里是可以分享他们的担忧和不安的地方。

如果孩子谈到了他们对自己外貌的不满，你可以用鼓励的话来回应："我知道青春期的变化有时会让你感到不适应，但记住，每个人都是独特的，都有自己的美。你是一个聪明、有趣、善良的孩子，这些品质比外表更重要。外貌会随着时间改变，但你的这些优点会伴随你一生。"

同时，你也可以提出一些具体的建议，比如："如果你对皮肤有担忧，我们可以一起学习一些皮肤护理的知识，或者找个适合的时间去看皮肤科医生。"

通过这种方式，你不仅给了孩子必要的安慰和支持，还帮助他们建立起对自己的正面认识，同时也提供了解决问题的具体方法。这种互动不仅增强了孩子的自信心，也加深了你们之间的联系和理解。

记得，**在照顾孩子的同时，也别忘了关照自己。**适当的休息和放松对保持良好的心态非常重要。无论是和朋友聚餐，还是享受一个人的安静时光，这些都是为了能有更好的状态陪伴和引导孩子。

同时，**和伴侣间的相互理解和支持也非常关键。**在育儿的过程中，共同分担家庭责任，分享育儿经验，都能让你感到不那么孤单。

让我们一起为孩子创造一个温馨且充满依靠的成长环境。通过家庭成员的共同努力，孩子不仅能够顺利适应初中的生活，还能学会如何面对生活中的挑战，成长为更加自信、独立的个体。记住，你和孩子在这段旅程中并不孤单。

无论是学业上的困惑、社交上的挑战，还是情绪上的起伏，你都可以成为孩子的依靠。同时，也请关照自己，保持积极健康的心态，因为你的幸福和平衡，同样对孩子的成长至关重要。

现在，就让我们一起探索如何更好地支持和引导孩子，让他们在这个关键的成长阶段充分发挥潜力，迎接每一个新的挑战，开启他们人生的新篇章。

目录

第一章

青春期的挑战与机遇

"

　　青春期，这个重要的阶段，对孩子而言充满挑战和机遇。在这一转折点，我们不仅要引导孩子适应新环境，更要搭建起沟通的桥梁，共同设定目标，强化家庭合作。每个孩子都有独特的成长路线，让我们一起发现与孩子共成长的机会，共同迎接挑战，助力他们在青春期这一关键时刻绽放光彩。

"

青春期：一个全新的开始

青春期是孩子的重要时期，在学业上处于小升初阶段，是一个全新的开始，更是个人成长和自我探索的起点。在这个阶段，孩子将迎来更多的自主性和新挑战，同时也蕴藏着无限的可能性。

看着孩子一天天长大，对于每位家长来说既是喜悦也是挑战。你可能会发现自己的角色正慢慢地发生着微妙的变化，从过去的"指导者"转变为"支持者"和"协作者"，这便是孩子渐渐长大的证明。

在这个重要的转变期，你的理解、支持和引导将成为孩子适应新环境、勇敢面对挑战、把握成长机遇的关键。

在了解了这样深远的意义后，你也能深入理解孩子在这个时期可能经历的心理和社交变化，并帮助孩子平稳过渡这一新的生活阶段，以最好的状态迎接未来的一切新挑战。

♥ 转变期的意义：步入新阶段

青春期是个人成长的关键阶段。这个时期，孩子开始深入探索和了解自己的兴趣、个性和价值观。孩子正在学习如何独立思考，逐步形成自我认知。

自我发展的重要性：孩子开始更加深入地认识和了解自己。孩子的兴趣、个性、价值观念以及对世界的理解都在这个时期发生变化，趋于成熟。这是孩子形成独立思考能力和自我认知的关键时期。例如，孩子可能开始对自己未来的学科兴趣和职业方向有初步的思考和规划。

自主学习能力的培养：孩子处于小升初阶段意味着学习方式的转变，从小学阶段的偏向引导式学习，转向中学阶段的自主和探索式学习。这要求孩子学会自我管理、独立完成学业任务、主动探索知识。例如，孩子需要学会如何有效地安排时间，如何独立完成更复杂的作业和项目。

社交技能的发展：随着进入新的学校环境，孩子将遇到来自不同背景的同学，这为孩子提供了学习如何与不同的人交往和合作的机会。在这一阶段，孩子将学习如何在更大的社交圈中建立友谊，处理人际关系中的冲突，以及开展团队中的协作。例如，通过参与团体活动和项目，孩子可以锻炼自己的团队合作能力和社交技巧。

💜 孩子的心理变化：新挑战与适应

当孩子步入青春期，常常会感到一种混合的情绪——既兴奋又紧张。孩子即将面对全新的学习环境、不同的教育体制，以及一个全新的社交圈。这些变化不仅影响孩子的日常生活，更深刻地触及孩子的内心世界和自我认知。

适应新学习环境的压力：孩子从小学升入中学，往往会面临更为复杂和要求更高的学习任务。这可能会让孩子感到巨大的压力，有时甚至会感到不知所措。例如，之前习惯了较为轻松的小学学习环境的孩子，现在需要适应更多的课业负担和严格的考核标准。

社交圈的变化和挑战：进入新学校意味着要和一群全新的同学打交道，这对孩子来说既是机遇也是挑战。孩子可能会在寻找新朋友和适应新的社交规则中感到困惑，例如，孩子可能不知道如何在新班级中找到志同道合的朋友，或者如何在新的团队活动中表现自己。

自我认知的变化：这个阶段的孩子也在经历身心的快速成长，开始探索自己的身份和在社会中的位置。例如，孩子开始对自己的兴趣、能力和个性有更深的思考，同时也会对自己在社交环境中的角色有新的认识和体验。

在这个阶段，孩子面临着多方面的心理变化和挑战，孩子可能会感到压力和困惑，但这些挑战也是孩子成长和学习的宝贵机会。作为家长，你需要理解并支持孩子，帮助孩子积极调整心态，勇敢面对这些变化。

通过引导和鼓励，你可以协助孩子更好地适应新环境，发展必要的学习和社交技能，从而帮助孩子在这个转变期中健康成长。

♡ 家长的角色变化：支持与适应

面对孩子的问题，鼓励和适当的引导也很重要。引导孩子用积极的心态去适应新环境、培养独立性和社交技能。和孩子保持沟通，无条件地支持孩子，帮助孩子顺利过渡到中学生活。

鼓励和支持：对于正在适应新学习环境的孩子来说，家长的鼓励和支持至关重要。您可以通过倾听孩子的烦恼，一起探讨学习方法，或是协助他们制订合理的计划来帮助他们逐渐适应。

帮助培养社交技能：鼓励孩子参加课外活动或兴趣小组，这不仅能帮助他们发展兴趣，还能提供与同龄人交流和建立友谊的机会。同时，你也可以教授孩子一些基本的社交技巧，如怎样开始对话、如何在集体中表达自己。

支持自我探索：鼓励孩子探索自己的兴趣和爱好，支持孩子在新环境中尝试不同的角色和活动。这不仅能帮助孩子建立自信，也能促进孩子个人成长。

例如，孩子在小学阶段多习惯于家长和老师的指导，进入初中可能在独立学习上会感到手足无措。

你怎么什么都不会弄啊？你都是初中生了，应该学会自己解决问题了。

我知道这对你来说是个挑战，你现在是初中生了，可以试着自己解决。当然了，有任何问题你都可以找我和爸爸帮忙。

同样的情境下，家长说出的不同的话对孩子来说影响可能会截然不同。同样，处理方式的不同对孩子来说，影响也是截然不同的。

用鼓励的方式，放手让孩子去尝试，孩子便能开始学习如何独立完成作业和项目，逐渐形成自己的学习风格和习惯。

通过这些方法，家长可以帮助孩子更好地应对小升初带来的心理变化和挑战，使他们能够在这个新的开始中找到自己的定位，顺利过渡到中学生活。

遇见挑战：让孩子适应新的变化

当孩子们踏入初中的大门，他们不仅迎来了新的学习阶段，也开启了个人成长的新篇章。

这一转变期不仅关乎学业上的挑战，更涉及心理与社交领域的广泛调整。在此过程中，孩子将经历从简单的小学生活向多元化初中生活的过渡，这一变化伴随着不少挑战，例如新的社交圈子的形成、自我意识的觉醒，以及学习习惯的转变。

♥ 新学习模式下的适应过程

初中生活对孩子来说是全新体验，特别是在学习模式的转变方面。课程变得更深入，对自主学习要求也随之增加。孩子需要适应更复杂的课程内容、更为独立的学习方式，以及来自家庭和学校方面增加的学习压力。

例如面对突然增多的科目课程，孩子可能不知道如何自主地开始学习，感到无从下手。如果你能引导孩子自主查资料：

> 让我们一起看看哪些资源可以帮助你。比如说去图书馆，那里有很多资料。

> 你可以上网探索，有些在线学习工具很方便。

引导利用网络资源和图书馆资料自主学习，让孩子学会如何规划时间，主动寻找解决问题的方法，这不仅提高了孩子的学习效率，也增强了孩子解决问题的能力。

♥ 社交环境的新挑战

上初中后，孩子也会面临新的社交环境。家长可以用鼓励的方式，将积极的态度传递给孩子。

当孩子面临全新的、不同背景的同学，不知道该如何结交新朋友，为此感到无所适从：

没事，交朋友可以慢慢来，比如参加兴趣小组，找到爱好相同的朋友。

交朋友还用我教你吗？你看别人怎么可以交到朋友呢？你主动一点！

你可以邀请你的新同学来家里，或是出去玩，这样也能熟悉起来。

引导孩子用积极的方式去应对，鼓励孩子结交新朋友，还能学会如何在团队中协作，理解和尊重不同的观点和文化，这些都是社交技能成长的重要部分。

在孩子的初中生活面临这些挑战的时候，你的任务是理解、支持并引导孩子们顺利过渡到这个新阶段。帮助孩子在学业、社交和个人成长方面取得进步，为孩子未来的成熟发展打下坚实基础。

家长的角色：无条件的支持者

作为家长的你，在孩子青春期的关键时期担任着重要的角色。要和孩子建立有效的沟通，更好地理解孩子的需求和面临的挑战。首先请记得，无论什么时候，都应鼓励孩子、支持孩子，传递给孩子积极的态度。

辅助孩子适应新环境，包括引导孩子自主制订学习计划，鼓励孩子参与更多社交活动等。同时，你也要提供必要的支持，帮助孩子应对学习和社交带来的压力与焦虑。

💛 建立有效沟通渠道

建立开放、信任的沟通，是青春期家长支持孩子最重要的内容。当你的孩子感到在学习上有压力：

你怎么还没做完作业？你看看几点了，一点儿都不努力！

最近在学习上你好像有些压力，要不要讨论一下，找一些辅导资料，或者调整一下你的学习计划，减轻一些压力。

反面的回应往往忽略了孩子的压力，简单地告诉孩子要更加努力，会让孩子觉得你无法感同身受，从而不接受你说的话。

♥ 辅助孩子适应新环境

孩子融入全新的社交环境时，需要家长细心观察，及时发现问题，并提供引导和支持。

比如，如果当你发现孩子在建立新友谊方面遇到障碍，一种积极的做法是坐下来与孩子共同讨论："你感兴趣的社交活动是什么？""有哪些兴趣小组或社团可以加入？"鼓励孩子主动参与，拓展他们的社交圈。如果与此相反，批评孩子太内向或不够主动，可能会加剧孩子的社交焦虑，不利于建立自信和积极的社交态度。

♥ 应对挑战与焦虑

初中生活带来的挑战和焦虑，对孩子和家长来说都是一大考验。

你可以帮助孩子识别和处理这些挑战，如学习压力和社交焦虑。例如，当孩子因为即将到来的考试而感到焦虑时，一个有效的策略是耐心聆听他们的困扰，共同探索缓解压力的方法，如制订合理的复习计划、增加适当的放松练习或是寻求专业帮助："别担心，我们一起想办法。比如写个复习计划或做点儿放松的活动。"

这样的回应能够让孩子感到被支持和理解。相反，如果你选择忽略孩子的感受，或者简单地责备孩子不够努力，可能会让孩子感到更加孤立和压抑，无助于解决根本问题。

鼓励孩子分享自己的感受，并共同探讨解决方案。让孩子感觉到被关注，心灵上也能得到抚慰，让压力得到缓解与释放。

机遇之窗：培养解决复杂问题的能力

初中阶段除了是孩子学习新知识的起点，更是提高关键生活技能的宝贵时机。在这个时期，家长可以助力孩子发展自我管理、独立学习以及人际交往的能力。

这些技能将成为他们未来道路上的重要基石，可以让孩子更加自信、自主地面对生活中的每一个挑战。

♥ 情商：理解和表达情感的能力

情商对于孩子的心理健康和社交互动非常重要，尤其是步入初中阶段后。可以通过一些简单的方法来加强孩子对情感的理解能力和情感表达能力。

情感识别与情绪调节小技巧

· **情感识别训练**：通过情感卡片游戏或日常对话中的情绪识别练习，帮助孩子学会识别和表达不同的情感。

· **情绪调节策略**：介绍一些简单有效的情绪调节方式，如深呼吸、写日记等，以帮助孩子管理情绪。

通过情感识别和情绪调节的技巧，可以帮助孩子在青春期的"情感过山车"上保持平衡，让孩子学会更好地理解和表达自己的情感。

♥ 创造性思维的培养：激发探索精神

这个年龄段，创造性思维的培养对于孩子适应快速变化的世界和解决复杂问题非常重要。可以从以下几个方面来理解：

适应新环境：在小升初这个关键阶段，创造性思维帮助孩子适应新的学习和社交环境，找到应对挑战的独特方法。

学习方法创新：随着课程变得更复杂，创造性思维使孩子能够尝试多样化的学习策略，寻找适合自己的学习风格。

解决问题能力：创造性思维助力孩子面对复杂问题，思考多种解决方案，增强问题解决能力。

激发好奇心和探索欲：这种思维方式鼓励孩子保持好奇，深入探索未知领域，促进深入学习。

表达和沟通能力：创造性思维不仅有助于想法的产生，也有助于清晰、创新地表达和分享想法。

应对未来挑战：在不断变化的世界中，创造性思维赋予孩子应对未来挑战的能力。

通过创造性思维的培养，孩子能够发展出独立思考的能力，增强自信心，还让他们在遇到挑战时更加自信地表达自己的观点和想法。鼓励孩子始终保持开放和求知的态度，这是终身学习的重要基础。学会用创新的眼光看待世界，孩子将能够终身受益，不断学习和成长。

综上所述，创造性思维的培养对于小升初的孩子来说不仅是学习成功的关键，更是孩子未来生活中应对各种挑战和抓住机遇的重要工具。通过在这个关键阶段培养创造性思维，我们可以帮助孩子们为未来打下坚实的基础。

共同成长：与孩子一起学习面对挑战

家庭作为孩子成长的基石，不仅提供情感和安全支持，也是孩子学习如何面对生活挑战的第一课堂。在孩子从小学升入初中的关键阶段，家长的角色尤为重要。

你不仅是孩子的引导者和支持者，更是孩子成长道路上的同行者。在这个过渡期，孩子们在学习、社交乃至情感管理方面都会遇到各种挑战。与孩子一同成长，不仅意味着共同面对这些挑战，还包括一起探索解决问题的方法，实现共同学习和成长。

家长可以通过积极参与孩子的学习生活，共同讨论学校的课题，或者一起参与课外活动，来加深彼此的理解和联系。同时，通过共同设定家庭目标，如学习计划、家庭旅行或日常家务，家庭成员可以在协作中培养团队精神和相互支持的家庭文化。

此外，家长在个人成长和提升自己的过程中，不仅能更好地支持孩子，也能成为孩子学习的榜样。

♥ 搭建沟通桥梁：父母与孩子的有效对话

在孩子步入青春期的门槛时，搭建一个坚固的沟通桥梁不仅能加强亲子间的理解和信任，同时也能帮助你更深入地了解孩子的想法和感受，在其成长道路上提供必要的指导和支持。

比如当孩子对你说："数学太难了，怎么学都学不会。"时：

大家都是这样学的，你只是不够努力，多花时间学就是了。

确实有点儿难，不过我相信你能搞定。你觉得哪部分最难懂？我们一起看看。

有效的沟通展示了你的理解和支持，也可以增强孩子的自信和解决问题的意愿。它不仅是家长和孩子之间相互理解的桥梁，也是引导和支持孩子成长的重要方法。而无效的沟通可能让孩子感到被忽视，压力也会随之增大，导致自我怀疑和学习动力的下降。

通过开放和支持性的对话，我们不仅能帮助孩子应对学业的挑战，还能增进亲子间的情感联系，共同构建更加和谐的家庭环境。

♡ 父母的自我成长：与孩子一起学习

父母的自我成长同样重要。家长与孩子一起学习、共同进步，不仅能增强彼此间的纽带，还能在孩子面对挑战时提供更有效的支持和引导。

例如，不断地丰富自己的育儿和教育知识是非常重要的。阅读一些教育书籍，参加在线课程或研讨会，通过这种方式，你可以更好地应对孩子成长过程中的各种情况，同时也在个人层面上实现自我成长。

再如，和孩子坐在一起看书、学习，能增进亲子间的沟通和理解，同时为孩子展示学习是一个持续的、有趣的过程。这不仅能够更好地支持和引导孩子，还能为他们树立积极向上的榜样。

第二章

如何稳定青春期孩子的情绪波动

"

我们常说青春期的孩子叛逆、情绪化，或是难以理解，但这一切并不是孩子的问题，而是人成长过程的一部分。我们往往忽略了背后的生理真相——荷尔蒙的变化。了解荷尔蒙如何影响情绪，探索这些情绪波动背后的生理根源，可以帮助我们走进青春期孩子的内心世界，帮助你和孩子找到调节情绪的有效方法，当理解情绪后，做什么事情都会更加自如。

"

理解青春期的荷尔蒙变化

在青春期这个成长的关键期，孩子不仅体验着身体的快速成长，也在情绪上经历着前所未有的变化。这些变化多半源自荷尔蒙的波动，它们如同青春期的指纹，独特而复杂。

作为父母，了解生理变化对孩子的情绪和行为产生的影响至关重要。

荷尔蒙变化不仅影响青少年的身体发展，还深刻影响他们的心理状态和情绪反应。他们可能会突然感到悲伤、愤怒或极度兴奋，有些甚至是自己都无法理解的情绪起伏。这些情绪波动可能影响他们的学习、社交乃至日常生活。

由于随着荷尔蒙变化会引发情绪波动，所以孩子在青春期可能遇到各种情绪挑战。如果家长理解这一点，便可以更好地引导孩子，与孩子建立有效的沟通，并帮助孩子更好地理解和管理他们的情绪，共度青春期这段特殊的日子，引领孩子走向更健康、更成熟的未来。

🩶 荷尔蒙漫谈：青春期的情绪过山车

青春期，一个充满变化的时期。

就像身体在经历生长的快速变化一样，青少年的心理也随着荷尔蒙的波动起伏不定。这些小小的化学信使，如雌激素和睾酮，不仅影响身体的发育，还深刻地影响着孩子们的情绪和行为。

想象一下，青春期的孩子就像乘坐在情绪的过山车上，有时兴奋无比，有时又突然情绪低落。这些情绪的波动是正常的生理反应，与大脑发育、自我意识的增强以及社交需求的变化紧密相连。

♡ 情绪波动：青春期的心情图谱

青少年的情绪波动宛如一幅丰富多彩的画作，可以描绘出从愤怒到快乐，从悲伤到兴奋的各种情绪色彩。一天之内，孩子的情绪可能会有多次起伏变化。

举个例子，孩子在学校可能因为一些小挫败感到沮丧，但在收到朋友的一条消息或吃完一顿美味的晚餐后，情绪可能迅速反弹。这些快速的情绪转变，对孩子来说是一种挑战，因为他们可能还没有准备好如何理解和处理这些复杂的情感。

看起来你今天不太开心，发生什么了？记得，无论发生什么，我都在这里支持你。

你每次从学校回来都是这副模样，为了点儿小事就闷闷不乐。你需要坚强，别让这些小事影响你的情绪。

这种回复没有尝试理解孩子的感受，而是将情绪波动视为小题大做，忽略了青春期的情绪敏感性，可能会使孩子感到被误解和孤立。

这样的回复方式可以帮助孩子感到被理解和支持，进而更好地处理自己的情绪。

♥ 家长指南：成为孩子情绪的港湾

作为家长，我们的角色不仅是孩子的护航者，更是他们的安全港湾。在青少年的情绪风暴中，一个理解他们且情绪稳定的家长可以提供孩子需要的支持和安全感。

首先，保持沟通的渠道始终开放非常重要。鼓励孩子分享他们的感受，即使是那些看起来"小题大做"的情绪，也值得被倾听和理解。同时，家长自己也要学会调节自己的情绪，以免加剧孩子的情绪反应。

其次，家长可以通过共享自己的经历和感受，帮助孩子认识到即使是成年人也会有情绪波动，这是正常的。

例如，在某次家庭聚会中，家长注意到孩子情绪低落，不愿意参与家庭活动，可以这么说：

你好像有点儿不开心，这让我想起自己在工作中遇到问题时也会这样。每个人都有情绪的起伏，我也一样。我通常会站起来走走或和同事聊聊来缓解情绪。

今天是什么让你不高兴呢？我们可以一起想办法让心情好起来。

通过这样的对话，家长不仅展示了对孩子情绪的关心和理解，还通过分享自己的经历和应对策略帮助孩子理解情绪波动是正常的，并鼓励他们开放地讨论和寻求解决问题的方法。这种共情和理解的沟通有助于加强父母与孩子之间的信任和联系，同时也为孩子提供了处理情绪的模型。

♥ 情绪调节技巧：掌握情感平衡

情绪调节是一项关键技能，对于正处于青春期的孩子来说尤其重要。家长可以引导孩子学习一系列的情绪调节技巧，帮助他们在情绪波动中找到平衡。

简单的技巧如深呼吸、正念练习或情绪日记，都可以帮助孩子缓解紧张感和压力。例如，当孩子感到愤怒或沮丧时，鼓励他们找一个安静的地方进行几分钟的深呼吸，或者写下他们的感受和想法。

深呼吸练习

- **理解**："我看到你现在有点儿沮丧，这完全可以理解。"

- **共享经历**："当我有压力时，深呼吸非常有帮助。我们一起试试吧？"

- **练习方法**："找个安静的地方，我们可以慢慢地深呼吸，集中注意力在呼吸上。"

- **作用**："这可以帮助我们冷静下来，然后再一起谈谈你的感受。"

设立"情绪时间"

· **理解**："每个人都有不同的情绪，重要的是我们知道如何表达和处理它们。"

· **方法**："让我们设立一个家庭的'情绪时间'。每周我们可以选个时间坐下来，每个人分享自己这周的经历和感受。这是一个我们都可以说出心里话，相互理解和支持的时间。你觉得怎么样？"

在家庭环境中，家长可以一起与孩子练习这些技巧，比如设立一个"情绪时间"，在这个时间里家庭成员可以分享自己的感受，或者一起做一些放松的活动。这不仅能帮助孩子学习如何调节情绪，还加强了家庭的亲密和团结。

理解荷尔蒙变化对青春期孩子的影响是家长在孩子成长过程中要完成的重要任务之一。荷尔蒙引起的情绪波动不仅是孩子的个人挑战，也是家长需要理解的领域，并且给孩子以支持和引导。

作为家长，你的支持和引导至关重要，可以帮助孩子更好地理解和管理青春期的情绪波动。通过开放、有效的沟通，可以帮助孩子认识和表达自己的情绪。通过共同实践情绪调节技巧，可以为他们建立健康的情绪管理基础，引导他们走向一个更成熟和健康的未来。

只是提了个建议，
却引发了孩子的情绪风暴

理解青春期孩子的情绪，也调整自己

青春期孩子的情绪起伏不定，让家长们感到手足无措。当孩子因小事而情绪爆发时，我们该如何应对？

♥ 案例描述：青春期的孩子似乎非常敏感

> **我只是让孩子收拾房间，却引发了她的情绪风暴**
>
> 周末的午后，我来到孩子的房间，看到桌上杂乱的书籍和衣物。虽然孩子最近学业繁重，但整洁的环境对于学习和生活都至关重要。于是，我提醒孩子整理一下房间。没想到，孩子却突然情绪失控，认为我总是在挑剔他。

你怎么这么懒？每次都说你，你都不会主动整理一下吗？

你这是对待家长的态度吗？我看你就是不想听我说话！

这种回应可能导致以下后果：

加剧孩子抵触情绪，使沟通更难。破坏亲子关系，孩子与家长渐行渐远。

💛 分析与引导：理解青春期孩子的情绪，也调整自己

青春期的孩子自我意识逐渐增强，对外界的评价尤为敏感。

换位思考：家长应学会换位思考，理解孩子的感受和压力。在沟通时，尽量采用温和、鼓励的语气，避免过于严厉的批评或指责。

加强沟通：如果家长平时缺乏与孩子的交流和互动，那么在提出要求或建议时，孩子可能会感到突然和无法接受。家长应加强与孩子的日常沟通，了解他们的想法和需求。

> 最近压力大吗？或许我们可以一起整理一下房间，让环境更舒适些。

> 房间的整洁对我们的生活很重要。我们可以一起制定一个计划，这样你也能更有条理地管理自己的学习和生活。

通过理解与沟通，我们共同努力，让家庭成为孩子温暖的避风港。

💜 改善目标：情绪管理有提升，自我认知更强化

提升情绪管理：孩子会学会更好地管理自己的情绪，不再轻易因小事而爆发，提高情绪调节能力。

自律生活成习惯：孩子会逐渐增强自我认知和自我管理能力，能够主动整理房间，养成良好的生活习惯。

总之，面对青春期孩子的情绪问题，家长应学会以理解和包容的态度去沟通，通过有效的沟通方式引导孩子健康成长。

当我提醒孩子完成作业时，他却跟我发脾气

面对敏感与易怒的有效沟通技巧

敏感与易怒是青春期孩子常见的情绪管理挑战。家长可以引导孩子安全迎接这些挑战，通过细致入微的情绪沟通技巧，你需要帮助他们理解和驾驭内心的风暴。在他们的心灵中种下理解、表达情感的种子；这将伴随他们成长，成为他们健康心理的坚实基石。

💛 案例描述：孩子在日常或学习中表现出敏感或易怒

当我提醒孩子完成作业时，他却跟我发脾气

最近，孩子在家里变得特别敏感和易怒。就在上个星期，当我像往常一样提醒他完成家庭作业时，他突然生气地摔门而去。我注意到，即使是一些很小的事情，比如晚餐不是他喜欢的菜，也能让他情绪失控。这种行为在他以前是很少见的。这让我感到有些困惑和担忧，怎么回事呢？

我提醒你做作业，你就这样发脾气，注意你的态度！

如果你不能学会控制自己的情绪，那你等会儿也别玩了！

这种回应可能导致以下后果：

增加孩子的压力和抵触情绪：孩子可能感到被误解和压抑，他们的情绪问题可能因此而加剧，而不是得到缓解。

破坏亲子关系：这样的沟通方式可能导致孩子对你产生不信任感，感到家长不是他们情绪的避风港，而是另一个压力源。

阻碍情绪成长：孩子没有学习到如何健康地表达和处理情绪，长期下来可能会影响他们的情商发展和人际关系。

♥ 分析与引导：家长如何与孩子进行有效的沟通

在青春期这个特殊的成长阶段，孩子如同园中的花朵，经历着环境和内在生长的双重变化。孩子的敏感和易怒，可能正是这个变化过程中的一部分。作为家长和关心者，我们深入了解这背后的原因，便能更温柔地引导和支持他们。

情绪调节：孩子在你提醒完成作业后摔门而去，或因晚餐不合心意而闹情绪，可能都是由于青春期荷尔蒙的波动影响了他们的情绪。这些荷尔蒙波动直接影响他的大脑，特别是那些控制情绪反应的区域，使得他对日常事件的反应更加剧烈和敏感。

生理与心理的相互作用：荷尔蒙变化还可能带来疲劳或头痛等生理不适，这些也会进一步影响孩子的情绪，导致他们更易怒和敏感。理解这些生理和心理的相互作用，你可以更有同理心地支持孩子，帮助他理解和应对这些变化。

自主权与成长：青春期的孩子渴望被看作为更独立和成熟的人，而荷尔蒙的波动可能会让孩子对家长的提醒产生更强烈的反应，如敏感或易怒。

我注意到你对作业提醒的反应比较大。这可能是青春期带来的变化，让你变得更敏感，这其实是很正常的现象。

我们可以谈谈这些情绪，找出更好的应对方式，妈妈始终在这里支持你。

当你以温暖和理解的态度与孩子交流时，展现出对孩子青春期变化的理解，这不仅能够缓解孩子的压力，还能加深你们之间的信任。孩子会更愿意开放地分享自己的情感体验，同时学习到如何有效地识别和管理自己的情绪。因此，你的支持和引导是孩子情感成长中不可或缺的力量。

改善目标：培养孩子的情绪表达和处理能力

在引导孩子应对敏感和易怒的情绪时，你的关怀和理解可以有效地帮助他们培养健康的情绪表达及处理技巧。这包括两个重要方面：

情绪词汇教育：教孩子识别和命名不同的情绪，扩展他们的情感词汇。这有助于孩子更准确地表达自己的感受，是理解和处理情绪的重要基础。

情绪表达引导：鼓励孩子以各种方式表达情绪，无论是通过说话、绘画、写日记等。让他们知道表达情绪是健康且正常的。同时，家长要提供一个安全、接纳的环境，让孩子能够舒适地分享自己的感受。

通过这两个具体做法，家长能够有效地帮助孩子在理解、表达和处理情绪方面取得进步，从而促进他们情感上的成熟和心理健康发展。

最近孩子不再愿意参加游泳课
培养孩子自信与健康的自我形象

随着孩子步入青春期，身体的变化不仅显现在外在生长，还深刻触动了其内心世界。请理解并温柔地面对这一时期孩子可能遇到的困惑和不安，这至关重要。此外，你还需要引导孩子接受并理解这些生理变化，帮助他们安稳度过身体自觉带来的情绪变化。

💜 案例描述：孩子因青春期身体变化产生的情绪困惑

最近，孩子不再愿意参加游泳课

我的女儿初一了，开始特别关注身体的各种变化，看起来既不安又困惑。她现在越来越在意自己的外貌，特别是体重和身高，甚至因为这些变化不愿意去上原本很喜欢的游泳课了。我真的不知道该怎么帮助她，这种情况应该怎么办呢？

你不能因为体重变重了就不游泳，别太敏感了。你以前不是很喜欢游泳吗？我钱都交了，必须去游！

你为什么长高了就不去游泳了？这么小的事情也要大惊小怪！

这种回应可能会导致以下后果：

增加不安和困惑：荷尔蒙和身体变化本身就让孩子不安，家长的不恰当的回应可能加剧这种感觉。

感到被误解和孤立：孩子可能因为家长缺乏同理心而感到孤独，觉得自己的情感体验被忽略。

变得内向和抗拒沟通：由于感到不被理解，孩子可能更加封闭自己，不愿意与家长或他人分享感受。

难以应对青春期变化：缺乏家长的支持和引导，孩子可能在面对青春期的各种变化时感到无助。

♡ 分析与引导：理解成长引发的情绪，做到身体认同

身体的快速变化可能导致孩子感到困惑和自我意识增强，担忧自己的外貌不被接受或与同龄人不同。

此时，你要通过肯定的话语来帮助孩子理解这是成长过程中的必经之路，是正常的生理现象。你可以鼓励孩子分享他的担忧，并引导孩子去了解相关信息，并支持、帮助他们正视身体的变化。

开放性沟通鼓励：鼓励孩子表达对身体变化的担忧和感受，让他们知道这是一个可以自由讨论，无需感到羞耻的话题。

教育和信息分享：提供关于青春期和身体变化的资料和信息，帮助孩子了解这些变化是自然而普遍的，增强孩子的知识和理解。

建立自我认同：讨论身体形象，我们应采用积极、肯定的态度，引导孩子建立自信和正面的自我认同，鼓励孩子欣赏自己独特的身体特征。

我发现，因为最近的身体变化，你好像不太愿意去游泳了。我们可以看看相关资料，了解这些变化，也可以尝试一些不同的活动。

你最近是不是因为身体的变化觉得很紧张？这是成长的一部分，妈妈也经历过。别担心，我陪着你一起适应。

这种回应展现了家长的理解和同情，为孩子提供了支持和帮助，鼓励孩子表达自己的感受，并寻找解决问题的方法。这样的沟通有助于孩子建立自信，学会积极地面对和适应身体的变化。

♥ 改善目标：培养孩子自信与健康的自我形象

在青春期，面对身体和情绪变化时，孩子不仅需要理解，更需要支持。你的积极回应不仅能减轻孩子的情绪困惑，还能鼓励孩子勇敢地表达自己的感受，也能积极寻找解决方案。

正面身体认知：教育孩子了解身体变化的自然过程，并通过积极的对话帮助孩子形成健康的身体认知和自我形象认知。

增强情绪表达能力：通过提供安全的沟通环境，并鼓励孩子分享感受，帮助孩子能够更积极地表达情绪，从而增强情绪表达和处理能力。

这样的支持将有助于孩子建立自信，学会接受自己的变化，并培养健康的自我形象。

孩子总因小事闷闷不乐，且易怒

帮助孩子学会情绪的自我调节

孩子在日常生活中产生小情绪是很正常的，特别是当他们踏入充满变化的青春期。家长应以平和和理解的心态，洞察这些情绪的根源，并温柔地指导孩子学会如何温和地调节和应对这些感受。

♥ 案例描述：日常小事引发的情绪波动

孩子总因小事闷闷不乐，且易怒

我家的孩子刚上初一，她最近似乎很容易生气，小小的事情就能让她不高兴。比如，如果家里的晚餐不是她喜欢的，她就会闷闷不乐，或说话语气不好。我感觉她对这些日常小事的反应有点超出了正常范围，不太确定该如何帮助她平复情绪。您有什么建议吗？

你怎么总是这么容易生气？每次都是一点儿小事就不高兴。晚餐不合心意就闷闷不乐。这样的态度需要改改了。

你不是小孩子了，应该学会控制自己的情绪，别总是这么敏感！

这种回应可能导致以下后果：

加深孩子的情绪孤立感：孩子可能会感到被误解和孤立，因为他们的情绪没有被接纳或重视，从而加剧情绪问题。

自尊心受损：持续的不理解和批评可能让孩子觉得自己的情绪是错误或不合理的，进而损害孩子的自尊心和自我价值感。

情绪压抑：孩子可能会压抑自己的情绪以避免进一步的批评或争执，长期压抑可能导致更深层次的心理问题，如焦虑或抑郁。

♥ 分析与引导：帮助孩子学会情绪的自我调节

孩子常会因为日常小事而情绪起伏，这些日常小情绪通常与荷尔蒙变化、学习压力和社交问题等因素相关。作为家长，了解和接纳这些微妙的情绪变化，对于提供适当的支持和引导至关重要。

理解荷尔蒙引起的情绪波动：青春期荷尔蒙的波动会导致孩子对小事更加敏感。通过倾听和同理心，家长可以帮助孩子学习，如深呼吸或短暂休息等调节技巧，以维持情绪平衡。

支持孩子表达和处理情绪：鼓励孩子通过绘画、写作等方式表达情绪，并引导他们实践放松练习，有效释放日常的小情绪。

培养积极心态：引导孩子练习感恩，分享每日乐事，并通过共同活动，如散步或游戏，帮助他们在日常生活中找到平衡和快乐。

我看到最近有些小事情让你挺烦心的。因为你长大了，身体和心理都会有很多变化，有时候这些变化会让情绪容易波动。我们可以一起谈谈心，找到解决的方法。

看来晚餐的安排让你有点郁闷。这很正常，大家都会有这样的时候。要不下次你来点菜，提前告诉我你想吃什么吧!

这种回应提供了温暖和理解的环境，可以教会孩子有效表达和调节自己的情绪。同时，鼓励孩子采取积极的态度，建立应对日常情绪问题的策略，以增强孩子的情绪弹性和对生活的满足感。

♡ 改善目标：培养孩子的情绪识别与调节能力

和谐的家庭沟通环境，让孩子可以有效表达情绪，也有利于更好地学会调节自己的情绪。

提升情绪识别与表达能力：在家长的温暖和理解下，孩子可以学会更准确地识别自己的情绪变化，更开放、有效地表达自己的感受。

增强情绪调节和应对技能：孩子通过实践各种情绪调节技巧以及参与积极的活动，能够逐渐增强面对日常小挑战时的情绪弹性。

这些不仅有利于当下，也为孩子的未来打下坚实的基础。

孩子因被同伴排斥而沮丧和愤怒

增强孩子的情绪自觉和社交适应性

在孩子踏入青春期后，常常会在与同伴相处过程中经历情绪起伏，这是身体内的荷尔蒙变化和外部的社交压力共同作用的结果。你需要通过平和的引导和恰当的沟通，帮助孩子学习如何有效地适应这些变化，并教会孩子如何调整自己的情绪。这对孩子的情感健康和社会适应能力是极其重要的。

💜 **案例分析：无法适应和调整被同伴影响后的情绪**

孩子因被同伴排斥而沮丧和愤怒

我的儿子最近在学校里遭遇了一些朋友间的小矛盾，让他特别烦心。上一次，他因为没被邀请参加一个集体活动，回家后整个人都很沮丧，生气得不想跟我们说话。我看着他这么低落，真不知道该怎么帮他。他总是因为这种事情情绪大起大落的，您觉得我应该怎么引导他处理这些问题呢？

你这是怎么了？每次发生小小的矛盾就这么沮丧，不跟我们说话。你需要学会自己解决！

别人不让你参加活动就算了，别那么脆弱，不要受这些小事情的影响。

这种回应可能导致以下后果：

加剧情绪波动：可能会让孩子感到自己的情绪是不合理或不被接受的，这可能加剧由荷尔蒙引起的情绪波动，导致更频繁或更强烈的情绪反应。

影响情绪认知发展：青春期是孩子学习理解和调节自己情绪的关键时期。缺乏支持和理解的环境，可能影响孩子发展情绪认知和调节能力。

社交关系紧张：孩子在青春期特别重视同伴关系和接纳。当家长的回应忽略了孩子受到的社交压力时，可能会让孩子感到更加孤立无助，进而影响他们的社交关系和自我形象。

如果孩子的情绪问题被简单地归咎为"敏感"或"脆弱"，他们可能不会学到如何正面地解决冲突和调整情绪，影响其解决问题的能力和社交能力。

♥ 分析与引导：引导孩子调节因社交而引起的情绪

在孩子的青春期，同伴的影响显得尤为重要，常常直接影响孩子的情绪和行为。这是由于荷尔蒙变化增强了孩子对同伴行为的敏感性以及对社交环境的反应。家长需要理解孩子这种情绪变化的原因，同时提供恰当的引导和支持，这是帮助他们健康成长的关键。

情绪表达和多角度探讨：鼓励孩子分享因同伴关系引起的感受，一起探讨不同的思考角度，帮助他们理解情境多样性并培养同理心。

情绪调节和社交技能实践：通过情绪日记、情景模拟等方式，帮助孩子认识并管理情绪，同时增强他们的社交技巧和应对策略。

积极反馈和鼓励：对孩子在处理同伴关系和情绪管理上取得的进步给予积极的反馈和鼓励，增强他们的自信和动力。

我看出来你很沮丧。没关系，朋友间的事情很重要，感觉也会特别强烈。我们可以一起分析一下这个问题，看看还可以怎么解决。

没有参与到朋友的活动中是很不好受的，我明白。这不是你的问题。记得我在这里支持你，你不是一个人。

家长的稳定支持是给予孩子的宝贵礼物，它帮助孩子在情感上成长，培养孩子解决问题的能力，并加深了孩子对自我和他人的理解，以建立健康的社交关系。在这个过程中，你也会与孩子建立起更加深厚的关系。

改善目标：增强孩子的情绪自觉和社交适应性

在青春期，孩子们经历快速的身心变化，尤其是在情绪和社交方面。我们的目标是帮助孩子更好地理解这些变化，并增强他们在情绪自觉和社交适应性方面的能力。

增强情绪自觉：孩子学会准确识别和表达情绪，使用恰当的语言与家人分享感受。

提升社交适应能力：孩子通过社交技能练习和制订解决策略，变得更加从容应对社交压力和冲突。

通过家长的引导，孩子在理解和调节情绪、提升社交技能方面取得进步，变得更自信和成熟。这不仅帮助他们更好地应对当前的挑战，也为他们的未来发展打下基础。

孩子最近总是情绪低落
帮助孩子从消极情绪转变为积极情绪

在孩子的青春期，荷尔蒙变化常常导致难以化解的消极情绪。作为家长，了解这些情绪的根源，并学会引导孩子培养和维持积极情绪，是帮助他们健康成长的重要部分。

💜 案例描述：孩子的持续消极情绪

孩子最近总是情绪低落

我的女儿最近总是显得情绪低落，对很多事情都不感兴趣，甚至连以前最喜欢的活动也不想参加了。我试着和她谈心，但她似乎总是在消极的情绪中。我该如何帮助她呢？

这么小的事情你也要生这么大的气？别人都在忙着前进，你却还停留在这些小事上。

我真不知道你为什么这么消极，你以前不是这样的！

这种回应可能导致以下后果：

自我贬低：这种回应可能使孩子质疑自己的情感，觉得自己的情绪是无效或不合理的，从而引发自我贬低或内疚感。

情绪抑制：你的不理解和批评，可能会让孩子选择抑制或隐藏自己的真实情感，这不仅阻碍了情绪的健康表达，长此以往，也可能导致心理健康问题。

得不到理解和引导，孩子可能会进一步沉浸在消极情绪中，不知道如何自我调节，导致情绪问题进一步加剧，甚至影响到日常生活和学习。

♥ 分析与引导：帮助孩子从消极情绪转变为积极情绪

在青春期，荷尔蒙变化常导致孩子的消极情绪。作为家长，理解这些生理根源并教会孩子向积极情绪转变是至关重要的。

情绪识别与表达：通过倾听和同理心，帮助孩子识别和表达消极情绪。讨论情绪的触发点，并鼓励他们用"我感觉"语句来描述内心世界。

积极情绪练习：引导孩子参与感恩练习、积极心理激励活动或享受快乐活动，如家庭游戏或户外运动，帮助他们体验并增强积极情绪。

可能你现在感觉很糟，但情绪总会变化的。我们一起出去逛逛吧。

我发现你最近情绪不太好，可以和我说说吗？

感受到理解和支持，孩子可以更好地控制情绪波动，逐渐建立积极的情绪处理机制。家长的稳定引导对孩子培养健康情绪发挥着关键作用。

♥ 改善目标：好的情绪管理能力和持续的积极心态

对孩子说的话表示关心，照顾孩子的心情，并提供工具和方法来有效地调节和转化这些情绪。通过家长的稳定支持和引导，孩子可以学会更健康地处理情感，培养出更强的情绪韧性。

提升情绪认知：作为家长，你可以引导孩子深入观察和理解自己的情感。教他们识别情绪的种类、强度及其触发因素，帮助他们更清晰地理解自己在特定情境下的情绪反应。这是帮助孩子有效处理情绪的基础。

学会情绪调节：当孩子能够识别和理解自己的情绪时，下一步就是学习如何有效地调节这些情绪。引导孩子学习和实践各种情绪调节的方法，比如户外运动，参加一些有趣的活动，以及积极的自我对话。你的支持和指导将帮助孩子在面对消极情绪时采取更积极、更健康的应对方式。

强化积极情绪体验：鼓励孩子参与能够使他们感到快乐的活动，并分享活动中的乐趣和成就。而你的肯定将帮助他们增强积极情绪的感受和总体的满足感。这些活动不仅能即时让孩子感到愉快，从长期看，还能帮助他们建立起积极和健康的情绪态度，为他们的未来打下坚实的基础。

孩子学会认识和调节情绪后，便能缓解青春期的心理压力。同时，这也有助于孩子建立健康的情绪管理基础，促进他们的整体幸福感和心理的逐渐成熟。

孩子有时会突然大哭或对家人发火

帮助孩子应对压力引发的情绪

面对青春期的学业、社交和个人压力，孩子可能会突然情绪爆发。作为孩子最亲近的人，你需要多加观察，理解这些情绪背后的压力从何而来，如何化解，同时引导孩子学会正确应对，这也是帮助他们健康成长的重要一环。

♥ 案例分析：考试前压力大爆发

有时会突然大哭或对家人发火

最近，我的孩子常常因为学业压力大而情绪爆发。她在考试前特别焦虑，有时会突然大哭或对家人发火。我感到很无助，不知道如何安抚她。

你怎么能这样对我们大发雷霆？这有什么好哭的！

如果你学习得更努力，就不会有这种压力了。是不是因为你没有好好准备？

这样回应可能会导致以下后果：

增加情绪压抑：家长的责备式回应可能会导致孩子情绪无处宣泄，从而加剧情绪压抑，逐渐内化不良情绪，长期下来，导致心理问题。

消极应对学业焦虑：责备孩子可能加剧他们的自责和不安，导致消极应对学业，且持续焦虑，从而影响孩子的学习动机和情绪健康。

💛 分析与引导：引导孩子应对压力引发的情绪

青春期孩子面临的学业和社交压力常常引发情绪爆发，这是正常的。你可以通过以下方式，引导孩子更好地应对成长过程中的挑战。

缓解压力情绪：孩子情绪爆发通常是荷尔蒙波动和压力的混合作用。为孩子创造一个安全、和谐的环境，可以帮助孩子缓解压力。

提供调节方法：引导孩子尝试转移注意力或进行放松练习，以缓解紧张感，增强面对压力的能力。

> 看到你因为学习感到了焦虑，试试深呼吸，或者做些放松的事情吧。我们也可以一起看看如何调整你的学习计划，让一切变得轻松些。

> 你可以说说你最担心的部分，然后我们一起解决。我会一直支持你的。

🖤 改善目标：增强孩子的情绪管理能力

当孩子学会应对压力并懂得采用有效的方法调节情绪后，他们将能更快地识别什么是压力情绪，何时会出现，并学会在情绪爆发前采取措施。例如，通过短暂休息或参与喜欢的活动来缓解压力。通过练习调节技巧，孩子对压力的反应将变得更加平和并有控制力。他们将学会从容应对挑战，减少因压力过大而引起的不必要的情绪爆发。

睡前老想着第二天的事而睡不好

用良好睡眠习惯克服睡前焦虑

在孩子的青春期，睡前情绪波动常常与生理变化、日间经历和压力累积有关。家长通过观察孩子的睡眠情况，理解背后原因，可以引导孩子培养良好的睡眠习惯，这是帮助孩子调节情绪，促进健康睡眠的关键。

💜 案例分析：睡前焦虑影响睡眠

> **睡前老想着第二天的事而睡不好**
>
> 我的儿子上初一后，晚上睡前经常会担心第二天的课程或社团活动。他有时会反复检查书包，生怕漏带了什么。这让他很难放松并进入睡眠状态，我不知道该如何帮他。

> 你太小题大做了，别人都能好好睡觉，你为什么就不行？！

> 早点睡，不要总是担心这担心那的。

这样回应可能会导致以下后果：

睡眠压力增加：家长的否定反应可能增加孩子的压力和自责，让其更担心自己的睡眠问题和第二天的表现，从而进一步加剧睡前焦虑，导致难以入睡或睡眠质量下降，影响孩子的身心健康。

♥ 分析与引导：用良好睡眠习惯调节焦虑情绪

青春期孩子的睡前焦虑和情绪波动是正常现象，家长可以和孩子谈心，找出问题根源，当帮助孩子建立良好的睡眠习惯来缓解这些情绪。

了解情绪与睡前例程的重要性：孩子晚上情绪波动通常与一天的压力累积、缺乏足够放松和荷尔蒙变化有关。因此，引导孩子建立一个稳定的睡前例程，包括固定的睡眠时间和宁静的环境，可以帮助他们放松身心，更好地准备入睡。

强化日间积极活动与晚间放松：鼓励孩子在日间积极参与体育活动、创意爱好或分时段处理学习任务，以减少压力。晚上则可以通过阅读或听故事等轻松活动，帮助孩子从日间的忙碌中逐渐过渡到夜间的休息状态。

这些结合的策略不仅有助于孩子即时的情绪释放，也有助于长期的健康睡眠习惯的建立。

> 你好像晚上挺焦虑的，让我们把这些担忧放一放，看看课外书，也许这样能更轻松入睡。

> 晚上睡不好确实挺烦的，我们先检查一下书包，看看明天的用具和书本都带齐了没。然后伸展伸展，放松放松，好好睡一觉。

♥ 改善目标：培养稳定睡眠习惯与情绪自我调节能力

通过持续的努力，孩子会逐渐形成稳定的睡前例程，有效减轻晚间情绪波动，提升情绪的自我调节能力。这样不仅有助于孩子夜间安稳睡眠，也长远地促进了孩子整体的情绪健康和生活质量。

第三章

帮助孩子应对学业的挑战

"孩子在初一面临着学业负担的加重、学习节奏的加快。考试焦虑、成绩压力、学习疲劳以及对完美的过度追求都可能对他们的成长构成挑战。理解这些学习压力并提供切实引导，可以帮助孩子建立应对挑战的策略并培养他们积极的心态。有效的沟通、合理的目标设定、乐观的心态以及劳逸结合的方法，是支持孩子度过这些挑战的关键。记住，他们需要的不只是监督和指导，更需要你无条件的理解与支持。"

引导孩子找到学习的乐趣，排解学业压力

进入初中的孩子面临着从小学到中学的重大转变。学习内容变得更加深入和复杂，考试频繁，竞争加剧。

同时，青春期的生理和心理变化让他们更容易感到不安和焦虑。这个阶段的孩子正试图在新的学习环境中找到自己的位置，同时也在努力形成自己的社交圈。这种双重压力可能会让他们对学习产生强烈的焦虑感。

♥ 用爱理解与支持

让你感受最明显的可能是孩子对于考试的焦虑。你可能会发现，孩子一到考试前夕就会变得紧张、烦躁、不知所措、有抵触情绪……

在这个过渡期，孩子们需要你的理解、耐心和引导。通过共同设定目标，讨论学习计划，以及定期回顾进展，你可以帮助孩子逐步适应中学生活，减轻焦虑，同时培养他们对未来的积极态度。让我们一起帮助孩子拥抱变化，勇敢地迈向成长的新阶段。

合理的目标设定是缓解考试焦虑的关键。作为家长，你可以帮助孩子理解每个人的学习节奏和能力都是不同的，要学会接受自己的节奏并挑战自己的极限，而不是盲目追求与他人比较的结果。

理解、支持和爱，是鼓励孩子开放地表达自己感受的关键。同时，也需要为孩子提供实际的帮助和解决方案。让我们成为孩子成长路上的坚强后盾，一起帮助孩子克服挑战。

♡ 家长指南：引导孩子找回学习的乐趣

刚步入初一的孩子可能对密集而高难度的课程感到不适应，加之青春期的自我意识开始觉醒，他们可能对学习表现出抵触或漠不关心的态度。这时，他们需要的不仅是知识的灌输，更是需要来自家长的理解、鼓励和引导。通过与孩子的共同探索，找到激发他们学习兴趣的钥匙，可以帮助他们重燃对知识的渴望，发现学习的乐趣。

也许你的孩子对学习相关的一切都显得冷淡，经常拖延作业，甚至有时候不愿意完成作业。

你写作业怎么总是拖拖拉拉，每天都不按时完成呢？学习是你的责任，赶快写！

我注意到你最近对做作业不太感兴趣，这有什么特别的原因吗？

让我们一起来找一找你感兴趣的部分，比如从你最喜欢的学科作业开始怎么样？

通过理解、耐心鼓励，我们可以帮助孩子找到学习的乐趣，点亮他们的求知之火。要知道，每个孩子都有自己的兴趣和学习方式，尊重和支持他们的个性发展，是激发他们学习热情的关键。

这个时候，孩子需要你的支持和引导来找回学习的乐趣。你要做的不仅仅是监督学习，更是理解孩子的感受，多鼓励，帮助孩子找到学习的意义和价值。

♡ 拥抱变化：目标明晰，焦虑减半

要激发孩子的学习热情，关键在于找到正确的方法和策略。这包括为学习设定清晰的目标，与孩子一起发现学习的乐趣，以及通过创意和变化使学习过程更加有趣。

激活孩子的学习兴趣

· **理解**："我知道，你可能觉得历史枯燥。"

· **启发**："中国的历史，充满了精彩纷呈的故事和个性鲜明人物。比如三国时期，不仅仅是关于战争，它还包含了诸葛亮、曹操这些历史人物的智慧和策略。"

· **互动体验**："我们可以一起看相关的影视剧，或读一读有趣的历史故事书，这样可以帮助你更生动地理解课本上的内容。"

· **实践探索**："我们还可以去各地的历史博物馆看看，或是参加一些有意思的博物馆研学活动，让学习历史变得好玩！"

通过具体方法的引导，孩子可以逐渐重建对学习的兴趣和热情，从而提高学习效率和成绩。你的耐心、理解和支持将是孩子们最坚强的后盾。

请继续以开放的心态聆听他们的感受，用温暖和鼓励的话语来缓解他们的焦虑。你的理解和支持不仅能帮助他们减轻学习的压力，更能教会他们面对生活中各种挑战时要有韧性和勇气。每一个小小的进步都值得庆祝，每一次尝试都值得鼓励。

记住，你的努力和爱意无形中塑造着他们的未来。用爱心和智慧去引导，让孩子在学习和成长的路上感受到来自家庭的温暖和力量。未来虽未知，但有你的陪伴，孩子也能勇敢、自信地前行。

孩子因为学业压力而失眠
为孩子的心理健康和学业成功搭建桥梁

进入初中后学业加重，孩子可能常常倍感压力。此时，家长的沟通与支持尤为关键。通过理解与鼓励，家长可助孩子缓解焦虑，培养积极应对挑战的心态。

♥ 案例描述：孩子因学业重负压力很大

孩子因为学业压力而失眠

我的孩子今年升入初中，随着期中考试的临近，他感到前所未有的压力。晚上，他躺在床上辗转反侧，难以入睡。我希望可以帮助孩子缓解这份压力。

你怎么还在焦虑啊。学习就是要拼，别人都在努力，你也不能落后。

初中学习没什么大不了的，别那么紧张。

这种回应可能导致以下后果：

感到被忽视和不被理解：孩子可能会因为感到不被支持而封闭自己，不愿意与父母沟通。增加了他们的焦虑感。

觉得自己的努力不被重视：轻描淡写的回应，可能会让孩子感觉自己的感受被否定，从而产生挫败感。

💗 分析与引导：为孩子的心理健康和学业成功搭建桥梁

倾听与理解：家长首先需要做的是倾听孩子的心声，理解他们的焦虑来源。安排一个安静的时间，与孩子坐下来谈谈他们的担忧和期望。

提供支持：家长应该提供实际的帮助，比如协助制定复习计划，创造一个适合学习的环境。帮助孩子分解任务，设定短期可达成的学习目标，逐步增强自信。

积极鼓励：家长的态度应该是鼓励和积极支持，而不是压力和批评。强调努力的过程比结果更重要，对孩子的每一点进步给予肯定和鼓励。

> 学业重很正常，但别忘了我们最看重的是你开心和健康。

> 我们一起找找让学习更轻松的办法吧。一起制定计划，努力了就很棒！

通过搭建起与孩子的沟通桥梁，我们不仅能够缓解他们的压力，更能培养他们的积极心态，为他们的心理健康和学业成功奠定坚实的基础。

💗 改善目标：情绪稳定，学习高效，心态积极，自如应对学业

情绪管理能力提升：孩子学会识别和管理自己的情绪，能够更好地应对考试等压力情境。

学习效率提升：通过家长的帮助和自己的努力，孩子能够找到适合自己的学习方法，提高学习效率。

培养健康的心理状态：孩子建立起积极向上的心态，学会在面对挑战时保持乐观和自信。

考试前孩子非常焦虑
制订合理目标与有效计划

当你注意到孩子在考试前变得焦虑不安时，首先要做的是仔细观察和理解他们的感受。承受考试的压力是孩子在学习道路上必须面对的挑战之一，焦虑是孩子对这些挑战的一种自然反应。

通过和孩子一起制订合理的目标和有效的学习计划，你可以帮助他们将这种焦虑转化为积极应对考试的动力。

💜 **案例描述：孩子在考前紧张与不安**

考试来了，孩子怎么这么焦虑？

最近，孩子即将面临期末考试，但他似乎越来越焦虑。他担心自己无法完成试题，或者成绩不如预期。我看到他这么紧张，真不知道该怎么帮助他。我应该如何引导孩子呢？

你看看你，马上要考试了，怎么还这么不稳定？其他同学都在努力复习，你却在这里焦虑不安。

你需要更加专注于学习，而不是坐在这里担心。有这个时间还不快去复习！

这种回应可能导致以下后果：

学习动力下降：这样回应可能使孩子感到沮丧，导致对学习的热情和动力降低。他们可能会觉得无法达到父母的期望，从而对学习失去兴趣。

考试表现受影响：持续的焦虑和压力会分散孩子的注意力，降低记忆力，甚至可能导致考试时的恐慌，进而影响考试成绩。

自信心下降：面对家长的不理解和批评，孩子可能会怀疑自己的能力，导致自信心受损。这种自我怀疑会限制他们面对新挑战的勇气。

孩子的学习旅程充满挑战，但也是成长和发展的宝贵机会。家长的指责和批评可能无意中导致孩子的学习动力下降，考试表现受影响，以及自信心受损。

💙 分析与引导：帮助孩子学会日常情绪的自我调节

在初一这个关键的阶段，孩子常常会存在一些考试焦虑。这种焦虑可能来源于对初中频繁考试的不适应，对考试的未知恐惧或对成绩的过度担忧。你可以通过耐心倾听、理解以及共同制订计划，帮助孩子减轻压力，改善他们的考试表现。

合理安排复习计划：

辅助孩子制订一个实际可行的复习计划，包括详细的学习时间表，明确每天或每周的学习内容。同时，确保计划中有适当的休息时间，以防止过度疲劳。引导孩子了解，合理的计划能够帮助他们更有效率地学习，减少临近考试时的紧张和焦虑。

技巧训练与模拟练习：

与孩子一起探讨和练习不同的学习技巧，如记忆技巧、时间管理方法和解题方法。安排模拟考试，帮助孩子适应考试的情绪和时间限制，同时让他们在没有真正压力的情况下测试自己的知识和技巧。这样的练习不仅可以增强孩子的考试技能，还可以提高他们对实际考试的信心。

咱们一起看看你的复习计划吧。我们可以把大的目标分成小的，每天完成一点。学习时段之间要休息，这样头脑更清醒哦！

可以试试模拟考试，这样你就能提前适应考试环境，看看哪些部分还需要加强。

一步一步，你会看到孩子学会如何管理自己的情绪，以更加坚定和自信的态度面对考试。

💛 改善目标：缓解焦虑，制订积极的学习计划

与孩子共同设立具体、可实现的短期和长期目标。例如为即将到来的考试制订复习计划，或者设立每天学习的小目标。这些针对学习和复习的具体方法，可以帮助孩子更有效地准备考试，减少不必要的焦虑，提高考试时的表现和自信。而你提供必要的支持和鼓励，是帮助他们成功的关键。

鼓励孩子专注于过程而非仅仅是结果，这样可以逐渐建立他们的自信和掌控感。通过这样的目标设定和持续的努力，孩子可以学会如何管理自己的焦虑，将其转化为前进的动力。

孩子因为分数不如别人而自我怀疑
引导孩子建立自信和自我价值感

在孩子的成长旅程中，成绩只是评价他们多方面能力的一种方式。确实，家长都希望孩子在学业上有所成就，但成绩并不完全代表孩子的全部能力。当孩子的分数不如预期时，他们可能会开始怀疑自己，这时候，你的理解和鼓励就显得尤为重要。

♥ 案例分析：成绩不如预期而自我怀疑

为什么我的分数不如别人？

孩子因为一次考试的成绩不如预期，开始质疑自己的能力。他显得很失落，甚至开始怀疑自己的智力。每当谈到学习，他就显得很消极。我该怎么引导孩子，帮助他看到自己的优点和潜力，重建信心呢？

成绩不好就是因为你不够努力。你需要更加专注和努力，别再找借口了！

考试只是小事，别太放在心上。他们都能做得好，你也应该可以。

这样回应可能会导致以下后果：

增加挫败感和自我怀疑：不恰当的回应可能会让孩子觉得自己被忽

视，增加挫败感和自我怀疑，从而影响他们的学习动力和自尊心。

沟通障碍和信任缺失：长期面对高压和责备式的回应，孩子可能会减少与家长的沟通，导致信任缺失和情感疏远。

学习态度和表现受损：忽视孩子的情绪需求、未提供有效的支持，可能导致孩子对学习产生持续性的抵触情绪，影响学习态度和成绩。

♥ 分析与引导：引导孩子建立自信和自我价值感

当孩子对自己的能力产生疑问时，别着急，可将其视为是一个帮助孩子学会自我认识和自我肯定的宝贵机会。可以帮助孩子看到成绩之外的自己，发现自己的多样价值和潜力。

理解情绪背景：深刻理解孩子对成绩的担忧，温柔地倾听他们的感受。让孩子感受到你的理解和接纳，知道你支持着他。

建设积极自信的心态：温和地鼓励孩子分享他们的成功和挑战，指出他们的成长和努力。帮助他们看到，成绩只是一方面，他们的价值远超过这个数字。

鼓励迎难而上：在孩子面对困难或挫败时，引导他们用积极的态度面对问题。帮助孩子从每次经历中找到学习和成长的机会，不畏惧挑战，勇敢尝试新的解决方案。让孩子理解，每次的挑战都是成长的机会。鼓励孩子勇敢面对每一个难题，坚持不懈。

这样的引导不仅能帮助孩子建立起健康的自我认识，还能激励他们积极面对学习和生活中的挑战，促进他们的全面发展。

我知道这次考试成绩没达到你的预期，但你的努力是不会白费的，你在很多方面都有所成长，这些都是分数衡量不了的。

每个人都有会遇到不如意的事，重要的是我们怎么看待它们。无论成绩如何，我都支持你。

请用爱和耐心为孩子们营造一个充满支持和鼓励的环境，让孩子勇敢面对成绩，自信前行。

💜 改善目标：培养孩子的全面成长和自我价值感

通过设定合理的学习目标和积极鼓励孩子，我们不仅能帮助孩子应对考试和成绩的压力，还能引导他们发现和欣赏自己的多样价值。

设定现实目标：帮助孩子设定实际的目标，让他们理解每个人的学习路径都是独一无二的，而一次考试不能定义他们的全部。通过这种温柔的引导，孩子可以学会接受自己的不完美，并专注于个人成长和努力。

专注于个人成长：鼓励孩子将焦点从分数转移到个人成长上，包括知识掌握、技能提升，以及个性和兴趣的发展。与孩子一起庆祝学习中的每一次进步，让他们感受到每一次尝试和努力都是有价值的。这样的鼓励和支持将帮助孩子建立起更加积极和全面的自我形象，看到自己多方面的能力和价值。

这样细致入微的关爱和支持会慢慢滋养孩子的内心，种下自信和坚韧的种子，让他们在学习和生活的每一步中都显得更加从容和自信。

孩子为何对学习提不起兴趣?

帮助孩子发现学习的趣味性

当你发现孩子对学习提不起兴趣时,别急,每个孩子都是独特的,对学习缺乏兴趣也是由于多种原因的,可能是因为学习压力、教学方法或是缺乏与他们兴趣相连的学习内容等。而你对孩子的理解和支持将成为发现并解决这些问题的关键。你可以引导孩子寻找激发学习热情的方法,让学习之路充满乐趣和意义。

♡ 案例描述:孩子对学习漠不关心

孩子为何对学习失去了兴趣?

我发现孩子最近对学习失去了兴趣,总是拖延作业,对新知识似乎也提不起劲来……孩子的这种态度让我很担忧,我不知道该如何激发他的学习兴趣。

别再抱怨无聊了,学习就是这样的。你只需要坐下来,把作业做完,不需要感到有趣。

我尝试了这么多方法帮你,你还是不努力。看来你就是不想学习,我也没办法了。

这种回应可能导致以下后果：

兴趣缺失，动力减退：忽视孩子求知的兴趣，会导致孩子对学习漠不关心，缺乏学习动力。长期而言，这种态度可能影响孩子的好奇心和探索热情。

感受孤立，信心受损：当孩子感到无助和被误解时，他们可能会觉得自己孤立无援。如果家长表现出放弃的态度，孩子可能会认为自己的情况无法改善，这会对孩子的自尊心和积极性造成长期的负面影响，导致其在面对学习和其他生活挑战时缺乏信心和动力。

每一句话，每一个表达都深深触动着孩子的心灵。忽视孩子的学习兴趣或使其感到被放弃，都可能让他们动力减退和失去信心。

♥ 分析与引导：引导孩子重新发现学习的兴趣

初中一年级是孩子学业的一个关键期。从小学到初中的过渡往往伴随着新的学习挑战和环境变化。在这个阶段，孩子可能会因为适应新环境的压力或课程的加重而对学习感到迷茫或失去兴趣。作为家长，需要用温柔和理解的态度观察和引导，帮助孩子适应初中学业，重新点燃对学习的热情。

减轻负担，增强效率：识别和解决过度课业带来的压力。与孩子一起建立合理的时间管理和学习计划，包括合理的休息时间和兴趣活动时间，以平衡学习和生活。

适应新环境，寻找支持：协助孩子了解和适应初中的新学习环境和教学风格。鼓励孩子主动与新老师和同学交流，积极参与学校的辅导和活动。同时，家长也可以了解学校的资源情况，以更好地支持孩子的学习需求。

促进自主学习：鼓励孩子在学习中发挥更大的自动性。让孩子参与制订学习目标和计划。同时，可以提供多样化的学习资源供孩子选择，让孩子能够根据兴趣和能力选择学习内容和方式。

初中确实有很多新变化需要适应，感觉怎么样？如果遇到不懂的地方，我们可以一起找办法解决。

你可以根据自己的情况制订学习计划，让学习会更有效率。如果需要我也可以帮你把把关。别忘了劳逸结合！

在孩子步入初中的时期，你的理解、支持和耐心引导是他们最需要的。一起探索学习的方法，可以帮助孩子克服这段适应期的困难。

♡ 改善目标：培养自主的，与兴趣相结合的学习态度

通过支持和引导，可以帮助孩子培养自主的，与兴趣相结合的学习态度，使他们在新的学习阶段茁壮成长。

提升学习适应性：帮助孩子适应初中的新学习环境和要求。通过家长的支持和一起探索解决办法的过程，孩子可以更好地适应课程难度的提升和学习方式的变化。

重燃学习兴趣：引导孩子发现学习的乐趣。通过与兴趣相结合的方式和活动，孩子的学习热情得以重燃，将对学习持有更积极和主动的态度。

我们共同努力，让孩子不仅能适应初中的学习环境，还能在学习中找到乐趣。

孩子不知如何应对竞争压力

培养健康的竞争观念和心态

在初中的新环境中，孩子会遇到更加激烈的学业竞争。引导孩子正确处理竞争中的不良互动，培养健康、积极的竞争观念尤为重要。通过你的支持和引导，孩子不仅可以学会在竞争中保持诚信和尊重，还能从竞争中汲取经验健康成长。

💜 案例分析：孩子如何应对竞争压力

为什么我的成绩不如别人？

自孩子升入初中以来，我发现他面对更激烈的学业竞争感到有些不知所措。他常在意自己的成绩或是课堂表现是否能超过同学，落后的时候会感到困惑。我很担心他的这种紧张和焦虑的心情，真的不太清楚该如何去帮他梳理这些学业方面的竞争心态……

别人的成绩关你什么事？别再担心这些无谓的竞争了，专注于你自己的学习吧。

如果你不像同学那样努力，自然就会落后。你需要加倍努力，不要只是抱怨！

这样回应可能会导致以下后果：

消极逃避：孩子感到自己的担忧被忽略，他们的努力没有得到认可，可能进一步退缩，不再积极面对学业。

增加压力感：增加孩子的焦虑，使孩子感到更强烈的竞争压力，长期可能导致情绪问题或对学习产生消极态度。

当家长不站在孩子的角度去细致分析学业竞争所带来的压力和挑战时，就可能无法有效引导孩子应对学业中的竞争，甚至可能无意中加剧了孩子的焦虑。

♥ 分析与引导：引导孩子培养健康竞争观念

面对孩子进入初中的转变，学业竞争的压力可能变得更加明显。这是培养孩子健康竞争观念的关键时期。以温柔的引导，深入了解孩子的感受，共同探讨竞争的真正意义，建立积极的应对策略。

认识竞争的本质：与孩子探讨竞争的意义，帮助其理解竞争不仅仅是为了胜出，更是一个自我提升和学习的机会。强调每个人的价值不仅仅是成绩，而是个人的努力和进步。

建立积极应对策略：与孩子一起讨论面对竞争时的健康心态，比如如何认可自己的努力、接受不同的结果，并从中学习和成长。鼓励孩子设立个人目标，而不是简单地与他人比较。

竞争其实是帮助自己变得更好的方式。无论考多少分，你努力了、进步了就是最棒的。

在学校里，每个同学都有机会发光发热，大家互帮互助是最好的。你们互相学习，共同进步，是不是很棒呢？

在孩子面对初中学业竞争时，你的理解、支持和引导是不可或缺的。你可以和孩子一起讨论同学之间竞争的积极意义，面对竞争压力需要如何调整心态等，培养孩子长远的健康竞争观和处理人际关系的能力。

❤ 改善目标：拥有健康的竞争心态，强化团队合作精神

帮助孩子在初中建立健康的竞争观念，会让孩子减少压力，更加自信和积极地面对学业挑战。

增强自信心：更加相信自己的能力，明白努力的价值，并能积极面对学业上的挑战和竞争。

健康的竞争态度：孩子学会了在竞争中保持诚信和尊重，将竞争视为个人成长的机会，而非压力源。

更好的团队协作：孩子认识到团队合作的力量，愿意与他人分享与合作，共同进步，建立积极的人际关系。

孩子将以更健康的心态面对竞争，也为孩子的全面发展和未来的学习奠定了坚实的基础。

孩子为何总是拖到最后才写作业？

帮助孩子克服拖延

随着孩子升入初中，学业负担和自我管理的问题随之增加，作业拖延问题常会发生。了解孩子拖延的原因，引导孩子针对性解决问题，提升学习效率，是家长需要做到的。

♥ 案例描述：孩子一做作业就拖拉

为什么作业总是拖到最后才写？

孩子升入初中后，他的作业量明显增多，我发现他经常把作业拖到最后一刻才开始做，这让他压力巨大，有时甚至影响到了睡眠。我试图帮他规划时间，但似乎效果不佳。我担心这种拖延会影响他的学习成绩。

你怎么总是这么拖拉？要是睡晚了明早起不来，可不要怪我没有提醒你！

别老是抱怨作业多。管理好自己的时间，别再让我看到你在最后一分钟赶作业了。

这种回应可能导致以下后果：

打击学习积极性：没有理解和指导，只是责备，可能会让孩子觉得无论如何都得不到认可，逐渐失去努力的动力，更加降低学习效率。

学习质量下降：为了避免批评而赶快完成作业，这种急促的状态可能导致学习质量下降。孩子可能没有足够时间消化和理解学习内容，导致知识掌握不牢固，成绩下滑。

增加焦虑和逆反：这种批评和压力式的回应，可能加剧孩子的焦虑，使他们感到被误解和不被支持；甚至可能导致逆反行为，更不愿意分享问题或寻求帮助。

这样随口一说的批评，可能不小心就打击了孩子学习的积极性，让他们学得不扎实，还可能让他们感到更焦虑或是开始逆反。

♥ 分析与引导：助力孩子克服拖延，提升学习效率

孩子步入初中后开始出现作业拖延的问题。不要急着责备和催促，要深入了解原因——是不是作业太难还是对科目没兴趣，还是时间管理能力不太好。再找到对应的方法，才可能帮助孩子逐步提高做作业的效率。

找到拖延原因：与孩子沟通，了解孩子为何拖延作业。可能是因为作业太难，或是缺乏兴趣，也可能是不擅长时间管理。了解真正的原因是找到解决办法的第一步。

培养时间管理能力：与孩子一起制订合理的时间表，教会孩子如何分配作业时间。也要确保适当的休息和娱乐，从而减少压力，提高学习效率。

鼓励积极心态：帮助孩子建立积极的学习态度，让他们认识到及时

完成作业的好处。同时，我们也要鼓励他们面对难题时积极寻求帮助，而不是逃避问题，逐渐培养自主学习的习惯。

> 咱们一起来制订一个作业计划表怎么样？你自己计划什么时候做作业，什么时候休息。这样写作业效率也会更高哦！

> 你可以告诉我原因，是因为对题目不太理解，还是对科目不太感兴趣，或者是不知道怎么安排时间？我们可以一起想办法解决。

就这样用耐心和爱心，帮助孩子走过这个适应期吧，你会看到孩子变得越来越自信，越来越高效。

♥ 改善目标：克服拖延，保持高效学习状态

通过努力和耐心引导，孩子不仅能克服拖延，还能享受到学习带来的乐趣和成就。

提高学习质量：孩子学会合理安排时间后，会发现自己不仅作业完成得更快，学习质量也提高了，时间被更有效地利用。

减轻压力和焦虑：告别了临时抱佛脚的焦虑，孩子感到更轻松，对学习的整体态度更加积极，心情也更愉快。

增强自我管理能力：随着孩子学习规划和时间管理能力的提高，他们会发展出更强的自主学习能力，这对他们的未来学习和生活都大有裨益。

保持耐心，帮助孩子在初中这个重要的阶段打好基础，迈向更高效、更自信的学习生活吧！

孩子每天都学习到很晚

帮助孩子学会劳逸结合

孩子可能会因为不断增加的学习任务而长时间的学习，这有时会导致疲劳和效率降低。你需要引导孩子有效地平衡学习与休息，制订合理的时间安排，帮助他们保持健康和提高学习效率。

💗 **案例分析：担心孩子的学习时间过长**

孩子每天都学习到很晚

我的孩子学习很自觉，上了初中之后每天晚上都学习到很晚，有时候连续学习几个小时都不休息。我知道他想得到好成绩，但我担心这样会影响他的健康。我不知道该怎么帮他调整，让他学习更有效率同时也能有足够的休息。

你看你，每天都学习到这么晚。我都说了要早点休息，你这样下去身体怎么受得了！

你就是不听话，总觉得学习时间长了成绩就会好。休息一下，去找同学玩玩吧！

这种回应可能导致以下后果：

增加压力和焦虑：这种回应可能让孩子感到巨大的压力，觉得自己的努力没有得到理解，反而增加了焦虑感。

健康风险：长期的过度学习可能对孩子的身体和心理健康造成不良影响，包括睡眠质量下降，持续的疲劳感和注意力不集中等问题。

♡ 分析与引导：帮助孩子学会劳逸结合

家长都希望孩子在学业上表现出色，但健康同样重要。家长应该帮助孩子在紧张的学习生活中找到平衡，这有助于孩子的身体和心理健康。

促进高效学习：辅助孩子制订合理的学习计划，强调休息和学习质量的重要性，引导孩子高效学习。

鼓励健康习惯：家长要引导孩子充足休息，增加体育锻炼和注意均衡饮食，并强调这些对提高学习效率和保持身心健康的价值。

> 除了学习，记得要保证足够的休息，还要吃得好和适当运动。健康的身体是学习的好伙伴。

> 记得要间隔着休息，这样学习效率才会高。

你的引导和关心能帮孩子更好地学习和休息，这样孩子学得更高效，也更健康。一起努力，帮孩子养成好习惯吧。

♡ 改善目标：孩子学习习惯的转变

帮孩子平衡学习与休息，减少疲劳，提升效率。让孩子更有效地安排学习和休息时间，减轻疲劳感，从而提升学习效率。孩子变得更擅长于规划时间，不再总是熬夜学习直到筋疲力尽。这会让他们更健康。

孩子字写得不好就要擦了重写

制订合理目标化解追求完美的压力

有的孩子刚上中学时可能会给自己太大压力。作为家长,这个时候你可以了解孩子为什么这么想做到完美,再引导孩子设立一些合理的目标,帮助孩子减压,循序渐进地进步。

♥ 案例分析:完美的追求,无止境的压力

> **字写得不好看就要擦了重写**
>
> 我发现孩子上初中后对自己要求变得很高,每次作业都追求完美,一个字没写好都要擦了重写。他因为太追求完美而感到焦虑和压力。这种情况我该怎么帮助他调整呢?

> 你这是在浪费时间!字写得正确就可以了,何必非要一遍遍重写呢?快点儿完成作业!

> 你的同学的作业都做得又快又好,你怎么这么磨叽,老是纠结这些小事!

这种回应可能导致以下后果:

增加心理负担:这样的回应可能会让孩子觉得自己的努力没被理解,增加他们的心理负担和自我怀疑。

打击自信心：批评孩子的完美主义而不提供有效的支持和引导，可能会让他们对自己的能力感到失望，打击他们的自信心。

♥ 分析与引导：制订合理目标，化解追求完美的压力

孩子追求完美很正常，但如果追求完美造成了压力就不好了。你可以帮助孩子制订真正能做到的合理目标，鼓励孩子追求进步和适当的完美。

制订合理目标：协助孩子根据自己的能力设定可达成的目标，并教会其欣赏自己的每一步努力和成就。

培养接受不完美的心态：让孩子理解到"错误"是学习的一部分，可以通过"错误"来成长，培养孩子的适应性和韧性。

> 我知道你想做得完美，但我们一起找到平衡点吧。设定一个既能达到，又能让你开心的目标怎么样？

> 错一个字，重写一遍无妨，但别太苛求自己了。放轻松，接受瑕疵，快乐学习才是王道！

帮助孩子找到"做得好"和"放轻松"之间的平衡，能让孩子更自信地学习，面对难题也能更从容不迫。

♥ 改善目标：从追求完美到合理目标的转变

引导孩子调整期望，减轻追求完美带来的压力，更健康地面对学习，让孩子学会根据自己的能力设定目标。这样孩子不但压力少了，也更会欣赏自己的努力和进步。孩子能接受不完美的自己，心态会更健康，学习也更有效率。

孩子遇到难题就想放弃

帮助孩子克服畏难心态

当孩子遇到挑战时，可能会表现出消极的态度，特别是在初中的开始阶段。你需要了解孩子内心的想法，帮助孩子建立起积极的心态。

♥ 案例分析：不愿意面对难题

遇到难题就想放弃

我的女儿自从升入初中，面对难度增加的课程，变得十分消极，遇到难题就轻易放弃。我尝试鼓励她，但似乎效果不佳。我该如何帮助女儿建立起积极的心态呢？

你怎么这么容易放弃，再难的题也得试一试，不要这么懒！

学习不就是要努力吗？你这样的态度怎么能行？不努力怎么能成功呢！

这种回应可能导致以下后果：

过度的期望导致逆反： 这种高期望和直接比较会使孩子感到被压迫，他们可能会逆反；学习目的也会受到影响，不是为了学习知识，而是为了避免被责备。

78

增加压力，加剧消极心态：这种批评式的回应会让孩子感到更加焦虑和无助，感觉自己的努力没有得到认可，导致孩子更加消极。

💜 分析与引导：调整心态，积极面对学习挑战

了解孩子学习时感到沮丧的原因，并引导孩子解决问题，这对于培养孩子积极向上的学习态度真的很重要。

指导面对挑战的策略：与孩子一起来制订计划，分步解决问题，鼓励孩子不怕难题，积极寻求解决方法，培养解决问题的能力。

培养积极态度：强调努力的价值，让孩子看到自己的努力和进步，让孩子知道尝试就是成功的一部分，激励孩子保持乐观和积极。

> 我知道这些课程难度很大，但我们可以慢慢来，一点一点解决。遇到难题不要怕，告诉我，我们一起想办法。

> 你每次尝试解决问题时的努力我都知道，这本身就很棒了！不要轻易放弃，每一次尝试都会让你变得更强。

你可以帮助孩子们建立起积极的学习态度，让孩子更自信地面对各种挑战。

💜 改善目标：从消极到积极的心态转变

帮助孩子慢慢变得更自信，面对学习中的难题不再退缩，而是勇敢地去解决。孩子会变得更有动力，学习也会变得更有效率，同时，亲子间的沟通会更顺畅，孩子会更愿意分享学习状态。这样的改变，对孩子的成长真的很重要。

第四章

引导孩子在自我探索中找到方向

"

　　找到自己的方向，是青春期孩子面临的重要课题。这个阶段充满了未知和挑战，孩子要追问自己是谁，以及他们未来会成为什么样的人。面对这个阶段孩子的迷茫、冲动，我们应及时给予支持和引导，帮助孩子建立健康的自我认同和价值观。

"

引导孩子找到成长的方向

孩子在的成长旅程中，自我认同的探索是一条充满曲折但又极其重要的道路。在青春期，孩子在心理和认知发展两个层面都有着非常大的变化，这些变化对孩子的未来影响深远，家长的引导和支持尤为关键。

作为家长，通过深入了解孩子在自我认同探索过程中的心理和认知发展，你可以更有效地引导孩子找到适合自己的发展方向，帮助孩子建立积极的自我形象，成长为坚韧、独立和有责任感的个体。

💛 心理发展：孩子自我认同的形成

自我认同是个体对自己的认识，包括个性、兴趣和价值观等方面。在青春期，尤其是刚上初中的孩子会开始更加深入地探索这些问题，并通常伴随着强烈的情绪感受。

家长的态度和行为方式对孩子的自我认同和自我探索有着深远的影响。一个支持和理解的环境能够鼓励孩子自由地探索和发展个人兴趣；而一个强势且否定的环境则可能阻碍孩子的个性发展和自信心建立。

💛 认知发展：青春期认知能力的进步与局限

青春期不仅是情感和社会关系发展的关键时期，也是认知能力飞速发展的时期。但这个阶段，孩子的认知发展也有其特定的局限性。他们的思维变得更抽象，开始尝试解决复杂问题，但同时也可能表现出冲动和局限。

你的理解和引导对孩子是非常重要的。在孩子形成自己的价值观，增强决策能力，认知自我形象，以及培养兴趣爱好的过程中，你的每一次支持都让孩子感受到被理解和被尊重。

你的鼓励或是深入的交流都不仅仅是情感的支持，更是孩子认知和心理发展的助力，可以帮助孩子在这个关键的时期内学会深思熟虑，培养责任感和独立思考的能力。

💜 引导自我探索：发现成长方向

作为家长，你的角色是培养和支持孩子成为独立、有责任感和适应能力强的个体。家长都希望孩子能在探索自我认同的过程中找到正确的方向。这个过程涉及多方面的挑战和机遇，包括孩子个性的发现、兴趣的探索、价值观的形成等。在这个过程中，你的理解、支持和引导是不可或缺的。

首先，鼓励孩子进行自我探索非常关键。这不仅仅表现在让孩子参加各种活动和体验，更要关注和支持他们对自己的个性、兴趣和价值观进行深入思考。当孩子对某些领域产生强烈兴趣时，你应该支持并接纳他们的选择，同时为他们提供必要的、力所能及的资源。

其次，设立目标对于孩子来说非常重要。与孩子一起设定短期和长期目标，并庆祝孩子在探索过程中的每一个进步。这样不仅能增强孩子的自信心，也能激励孩子继续前进。

此外，培养孩子适应性和韧性是帮助其应对青春期冲动行为的关键。你可以引导孩子理解"失败是成功之母"，鼓励孩子直面困难和失败，增强韧性，培养积极心态。另外，引导孩子随着成长和经验的积累灵活调整自己的方向。

举个例子，孩子开始关注网络上的各种流行趋势，并模仿"网红"的生活方式，希望能够通过改变自己来获得更多的关注和赞赏。但这却使孩子感到焦虑和压力，同时也影响到了日常生活和学习。

引导孩子塑造自我

- **理解**："我发现你最近很爱关注一些时尚网红，参考他们的风格，看来你对时尚很敏锐啊！"

- **问题**："但我也注意到，这似乎给你带来了一些焦虑和压力，并且影响了你的日常生活和学习。"

- **引导**："你要知道你是独一无二的，你的价值不是由外表或他人的评价决定的。重要的是找到真正能让你感到快乐和满足的事物。"

- **方法**："网络是现代生活的一部分，但也要保持健康的生活方式和心态，可以多和我们，或者你的朋友交流。"

- **鼓励**："如果你感到压力或焦虑，我希望你能告诉我，我们可以一起讨论，我会支持你的。"

通过这些步骤来帮助孩子认识到如何塑造自我，不仅能让孩子更加自信，也能让他们更好地适应社会。这能帮助孩子成长，是家长的重要责任。用你的爱和智慧来引导孩子，特别是在他们的认知能力飞速发展却又充满挑战的青春期。

孩子想像同学一样拥有昂贵的名牌服饰

如何帮助孩子在物质诱惑中找到自我

随着成长，孩子开始更加关注同龄人的看法。如何在满足孩子的自我认知、同伴认知等需求和培养他们正确价值观之间找到平衡，是家长们需要思考的问题。

♥ 案例描述：名牌服饰带来的困扰与选择

孩子想像同学一样拥有昂贵的名牌服饰

我的孩子上了初中，最近他注意到许多同学都穿着名牌服饰，他想和同学们一样。然而，我有些担心孩子过早追求物质，影响价值观的形成。但是又不知道如何与他谈论这件事。

这些都是虚荣心在作怪，这些东西都没什么用，别跟那些人学。

好吧，只要你高兴，我们就买。

这种回应可能导致以下后果：

直接否定会引发逆反心理： 直接否定孩子会让其产生逆反心理。严重的话，孩子可能在私下里通过不适当的方式追求名牌，如借钱或撒谎。

无原则满足会导致认知偏差：无原则的满足孩子所有需求的方式可能会导致孩子缺乏自我控制能力，以及影响孩子的价值认知。

💜 分析与引导：帮助孩子在物质价值中找到自我

家长应理解孩子对认同感的渴望，同时培养孩子健康的价值观念。

理解孩子的需求：家长首先需要理解孩子追求名牌背后的心理需求，如对同龄人认同的渴望。

培养正确价值观：家长应该引导孩子认识到真正的尊重来自于个人的品格和能力，而非外在的物质。

> 我知道你想和同学一样，想被他们认可，但真正的尊重来自对你的品格、能力和成就的认可。

> 我们可以谈一下，你觉得这些名牌的价值是什么？为什么你觉得它们很重要？

这种沟通方式能够引导孩子思考更深层次的价值。开放式的提问能够鼓励孩子自我反思和表达。

💜 改善目标：增强自我认同感，提升独立思考能力

自我认同感的增强：孩子能够认识到自我价值不依赖于外在物质，而是基于个人品质和努力。

独立思考能力的提升：孩子学会在面对同龄人压力时，能够独立思考，做出符合自己价值观的决策。

孩子天天弹吉他，作业都不做

帮助孩子找到追求兴趣爱好的平衡点

当孩子步入初中后，他们的兴趣和激情可能会更加明显地展现出来。有时，他们的兴趣可能与你的期望产生冲突。要先了解孩子的兴趣——观察他们在哪些活动中最快乐，再引导孩子找到追求兴趣爱好的平衡点。要知道，理解和沟通可以帮助孩子在追求热爱的同时，也尊重家人的意见。

💗 **案例描述：孩子有个"摇滚梦"**

> **天天弹吉他，作业都不做**
>
> 我的孩子最近受到班上同学的影响，迷上了摇滚音乐，还自己学着捣鼓吉他，整天弹，作业都不做了。我知道喜欢音乐没错，可学习更重要，尤其他才刚上初一，怎么能落下学业！我不知道怎么让孩子两者兼顾。

你这样整天沉迷于玩音乐，把学习都丢到一边。这样不行！

你要一辈子弹吉他吗？把它收起来，现在去做作业！

这种回应可能导致以下后果：

误解和隔阂：孩子可能会觉得你不理解他的兴趣和情感，造成亲子之间的隔阂。孩子可能会变得更加内向或叛逆。

压抑兴趣，自信心受损：强迫孩子放弃兴趣，可能会导致他们的创造力和自信心受到打击。长期下来会影响他们的个性发展和心理健康。

沟通变得困难，信任缺失：孩子可能不再愿意和你分享内心的想法和感受，这会使得有效沟通变得更加困难，亲子间的信任也会减少。

♥ 分析与引导：帮助孩子找到追求兴趣爱好的平衡点

作为孩子的引路人，家长可以通过深入了解孩子的兴趣，尝试理解孩子真正的心理需求，再帮助他找到这与家庭期望之间的平衡点。这不仅能帮助孩子个性成长、培养才能，也促进家庭的和谐发展。

情感理解：首先要从心理需求的角度理解孩子对摇滚乐的热爱可能是在寻找一种自我表达的方式，尤其是在青少年期这个试图构建自我认同的阶段。你首先需要表达对孩子兴趣的理解和尊重。

寻找平衡：与孩子一起探讨如何在追求兴趣和学习、生活中找到平衡。例如，可以一起制订计划，确保孩子在完成当天的学习任务后，有专门的时间来练习吉他。

共设目标：坐下来和孩子谈谈，认可孩子的兴趣之后，一起制定学习和吉他练习的计划。可以在达到学业目标后，增加练习吉他的时间。这样，孩子能在追求兴趣的同时，也不忘学习的责任。

我发现你对吉他很感兴趣，这真好。要不这样：每天你先完成作业，然后剩下的时间就练习吉他？这样你的兴趣和学习都不耽误。

爱摇滚，太酷了！我们可以设定一个'摇滚星期五'，那天晚上你可以尽情享受音乐。

帮助孩子在兴趣和责任间找到平衡，对孩子的成长很关键。请用爱引导孩子，让孩子感到被爱和尊重。

♥ 改善目标：培养孩子兴趣与责任间的平衡感

通过与孩子沟通和引导，你可以帮助孩子在追求兴趣和承担学业责任之间找到健康的平衡。这样做不仅让孩子感到被理解和支持，还能促进他们的个人成长。

改善时间管理：孩子将学会更好地规划和利用时间，平衡兴趣爱好和学习任务。

加强自我表达：通过追求自己感兴趣的东西，孩子将找到一种有意义的自我表达方式，提升自我认同感和创造力。

增强责任感：孩子在理解追求个人兴趣的同时，也需要兼顾学业责任，形成更成熟的价值观。

通过这样的引导和支持，孩子将在追求热爱和履行责任间找到平衡，成为既热爱生活又富有责任感的青少年。

我的孩子喜欢一位流量明星

引导孩子树立独立的价值观

步入初中后，孩子开始更加敏感地感受和思考周围的世界。在社会和网络的多元影响下，孩子可能会感到价值判断上的迷茫，比如不确定什么是真正重要的，或容易受到一些过激或负面的言论的影响。作为家长，我们需要观察这些变化，理解孩子的困惑，并引导他们逐步形成自己独立的价值观。通过温柔而坚定的引导，我们可以帮助孩子在这个过渡期找到方向。

💙 **案例描述：孩子接触到了饭圈文化**

我的孩子喜欢一位流量明星

我的孩子刚上初一，最近迷上了一位流量明星，接触到了饭圈文化，比如一些过激或负面的言论。这些影响她的心态和行为，同时也影响到了她的生活和学习。我担心这会影响她的成长，特别是他的价值观。我不知道该怎么办……

别在那些粉丝群里混了，那些人都在传播一些有害的东西。你是不是也开始信那些了？你得清醒点儿，别被带偏了！

这些所谓的偶像、饭圈给你带来的影响很大，应该远离这些无聊的追星活动，好好学习！

这种回应可能会导致以下结果：

价值观困惑加剧：缺乏开放和理解的引导，孩子可能在圈子文化中进一步迷失，无法独立地分析和建立健康的价值判断，影响他们的成长。

信任和沟通缺失：这种回应可能让孩子觉得自己的兴趣和情感被家长否定，导致他们不愿意与家长分享内心世界，影响亲子间的信任和沟通。

自我封闭和抗拒：孩子可能会觉得不被理解而更加内向或产生抵触情绪，开始隐藏自己的兴趣和活动，甚至可能对家庭规则产生反感。

♡ 分析与引导：帮助孩子树立独立的价值观

随着孩子逐渐长大，他们将接触到社会和网络的多元文化，其中亚文化圈层可能尤其吸引他们。这会让孩子面临各种价值观念的冲击。我们作为家长，要帮助他们分析和理解这些文化，并引导他们建立健康、独立的价值观。通过理解与深入交流，培养孩子的辩证思维，帮助孩子在纷扰的世界中稳步前行。

理解与深入交流：营造安心的对话环境，鼓励孩子表达对偶像和饭圈文化的看法。家长应展示开放的态度，倾听并理解孩子的感受。通过交流，家长可以了解孩子为何被某些言论或行为吸引，并共同探讨其背后的意义和可能的影响。

培养辩证思维：帮助孩子分析网络上的信息，引导孩子思考并辨别信息的真伪。通过举例或情景模拟，让孩子理解网络言论的影响力，特别是对个人判断力的影响。这个过程中，家长可以引导讨论不同的情况，训练孩子的辩证思维。

树立健康价值观：家长可以与孩子一起计划并参与现实生活中的公

益活动或其他兴趣活动，比如参与社区服务、学习新技能或发展个人爱好。通过这些活动，孩子能逐渐建立起自己的价值观，减少负面影响。

你最近关注的那个话题我也看了，我们来分析一下哪些是真的有道理，哪些可能是误导性的吧！锻炼一下你的判断力，怎么样？

我知道你喜欢 Y 明星，其实你可以向他学习做些有意义的事情，比如参与一些公益活动。这就是正能量追星。

这样的回应可以帮助孩子建立健康的价值观。通过你的引导和支持，孩子可以学会如何辨析信息、思考问题，并最终形成自己的看法和立场。

♥ 改善目标：形成独立价值观，塑造自我

通过你的引导，孩子将会学会独立思考，识别正面或负面的信息，并在这个过程中形成自己的价值判断。

辨识并选择：孩子将通过家长的引导学会分析和评估不同的信息和行为，从中选择有益的、积极的榜样和理念。

增强自我价值感：通过参与各种积极的活动和探索个人兴趣，孩子的自我价值感和自尊心会逐渐增强。他们会学会欣赏自己的独特性和能力，减少对外界认同的依赖。

帮助孩子在纷乱的社会信息中找到自己的立足点，树立健康、独立的价值观。孩子可以更好地理解社会，发展为有判断力和责任感的人。

孩子冲动购物把压岁钱花光了

引导孩子做事情要有规划

进入初中的孩子正经历关键的成长期，他们的行为可能偏冲动和鲁莽，这是因为决策和自我控制的大脑前额叶尚未完全发育。这种大脑发展的不平衡导致他们在行为决策上可能欠缺深思熟虑。

♥ 案例描述：孩子不考虑后果冲动性消费

孩子冲动购物把压岁钱花光了

我发现我的孩子上初中之后经常在没有计划的情况下做一些决定。比如这次过年，他把刚收到的压岁钱拿去买了两双球鞋。结果鞋没穿几次就闲置了。这让我很担心，怕他下次又冲动行事。

买了两双球鞋？你怎么这么不懂事，压岁钱就这么花了！以后都别想让我再给你钱了！

你太冲动了！鞋子也没穿两次就不喜欢了。你以后的压岁钱我替你收着，不能再让你这么冲动、任性了！

这种回应可能导致以下后果：

自主能力与责任感缺失： 因为一次的决定就完全剥夺孩子管理自己财务的机会，会阻碍孩子培养负责任地管理财务和做计划的能力，导致孩子的自主能力和责任感缺失。

决策能力发展受阻： 过于严厉的批评可能让孩子无法从自己的错误中吸取教训，难以冷静地反思，未来可能会继续表现出类似的冲动行为。

情绪压抑产生反叛心理： 批评会让孩子感到压抑和不满，产生反叛心理。在无法获得正面引导和理解的情况下，孩子可能会通过更多冲动行为或反抗行为来表达自己的不满。

♥ 分析与引导：引导孩子做事情要有规划

引导孩子认识到做事情有规划的重要性，并教会他们如何做出深思熟虑的决定。

对话与理解： 与孩子坐下来，温和地讨论这次购物的决策过程。询问他为什么选择购买这些球鞋，以及他对这次购物的感受。引导他思考和总结这次行为的教训和后果。

引导长远思考： 鼓励孩子在做决定之前，先思考它的后果。比如购物前可以考虑的问题有"这件东西我真的需要吗？""它会给我带来长期的满足感吗？""有没有更好的使用这些钱的方式？"等。

建立奖励与反馈机制： 设立奖励系统，对孩子有规划地做事情给予表扬或小奖励。遇到冲动行为时，提供建设性反馈，帮助他们明白每个选择的后果，并鼓励他们做出更好的决策。

这双鞋子挺好看的，你怎么不穿了？下次我们买东西前，一起来想想'这真的是我需要的吗？'这样我们可以做出更明智的决策了。

我知道你很想自己决定怎么花你的压岁钱，但下次可以多想想怎么花才更有意义，这样，你就不会后悔你的决定了！

通过这样的引导，孩子将学会如何在生活中更有规划地做事。这对孩子的学习、生活和长远未来都会有积极的影响。

♡ 改善目标：自信地面对未来，做出长远规划

孩子可以建立起长期规划的意识，慢慢形成遇到问题"深思熟虑"才行动的状态。

提高自主管理和决策能力：孩子会逐步提升自我管理能力，更加理智，减少冲动行为带来的负面后果，成为更加自律的个体。

建立长期规划意识：孩子开始意识到每一个决策都与他们的未来紧密相关，开始为自己的长远目标和梦想制订计划，并朝着这些目标稳步前进。

耐心引导，就能帮助孩子从冲动走向审慎，变得更加自信和明智。

孩子足球校队选拔失败了
教会孩子看待梦想与现实的差距

青春期的孩子都是满怀梦想的，但在追求梦想的路上可能会遇到挫折和现实的挑战。家长要多观察，发现孩子遇到的困难，帮助孩子理解梦想与现实之间的差距，引导孩子学会设定实际的目标和计划，坚韧地应对挫折和失败，让孩子既敢于梦想，又脚踏实地。

♡ 案例描述：孩子梦想与现实的碰撞

足球校队选拔失败

我的儿子非常热爱足球，梦想着成为一名专业球员。他在课后投入大量时间进行足球训练，但未能入选校队，这让他非常沮丧。我支持他的足球梦想，但同时担心这些挫折会影响他的自信和情绪。我该如何正确引导他呢？

你怎么还在浪费时间踢足球？连校队都没进去，这就证明你不适合。好好学习才是正事！

校队都进不了，将来怎么可能成为职业球员？放弃吧，别再浪费时间和精力了！

这种回应可能导致以下后果：

梦想与自信受挫：父母的否定和不理解会直接打击孩子的梦想和自信心，使他们在面对未来选择时变得更加迷茫，不敢尝试。

失去学习与成长机会：未能正确引导孩子理解挫折和学习如何从中成长，孩子可能失去宝贵的学习机会，未来在面对困难时更易放弃。

亲子关系疏远：否定和不支持会导致孩子与父母之间的关系疏远，孩子可能不再愿意分享他们的想法。

♡ 分析与引导：帮助孩子平衡梦想与现实

在初中阶段，孩子开始设立远大的目标，同时也可能遇到前所未有的挑战。你需要帮助孩子学会如何在两者之间找到平衡。通过有效的沟通和支持，我们可以帮助孩子提升面对挫折的勇气，以及在现实中追求梦想的智慧。

共情与目标设定：对孩子未能实现梦想的失望表示理解，同时帮助孩子将梦想分解为具体可行的小目标，并一起讨论具体的努力计划。这不仅能让孩子的追求梦想之路更切实可行，也能培养孩子持之以恒的精神。

现实评估与梦想认知：在面对孩子因现实评估不足而挫败时，引导孩子认识梦想与现实的差异，并帮助他们进行更合理的自我评估。

从挫败中学习与成长：通过分享成功人士克服挫折的故事，引导孩子理解失败是成长的必经之路，并鼓励孩子在失败中寻找学习与成长的机会，从而培养其面对困难时的韧性和坚持。

看到你为足球这么努力，我很欣慰。这次没入选校队不要紧，咱们调整一下训练计划，加强薄弱环节的训练，一点一点来。

学校足球队确实不好进，不过没关系，还有很多选择。比如社区少年队？我听说 A 同学就加入了，我们也可以去试试。

通过与孩子的共情交流来安慰孩子的失落，并帮助孩子将大梦想拆解为小目标。同时，教孩子学会对自身能力进行评估，让他们将挑战视为成长机会。当孩子从失败中学习，他们会更加坚韧，增加勇气和智慧。

💜 改善目标：理性追求梦想，坚韧面对挑战

你的支持和理解可以帮助孩子学会如何更好地设定自己的期望，并积极面对生活中的挑战。

合理制订目标：孩子将学会如何将大梦想分解成可实现的小目标，从而逐步实现他们的愿望。

增强现实评估：孩子将更加理解现实的约束与机遇，学会在梦想和追求中做出更明智的选择。

培养从挫败中成长的韧性：孩子将学会从失败中吸取教训，培养面对困难时的坚持和韧性，在未来的挑战中更加坚强。

随着时间的推移，你会发现这些成长将为孩子的未来奠定坚实的基础，帮助他们成为更加成熟、自信的人。

孩子沉迷于网络社交平台
帮助孩子正确识别网络信息

　　随着孩子步入初中，他们开始更频繁地接触和使用网络，包括网络平台类型等。这些平台虽然提供了知识和交流的机会，但也可能引导孩子接触到不真实或有偏差的信息。孩子可能因为网络上的信息而产生困惑。此时，需要你的引导，让孩子学会筛选、鉴别信息。

♡ 案例描述：孩子迷失在社交网络中

孩子沉迷于网络社交

　　最近我发现孩子整天沉迷于社交媒体，不停地和别人的精彩生活作比较，并开始没有自信，总是一个人闷在房间里。我真的很担心，不知道怎么帮助他看清现实，振作起来。我该怎么做才能帮助孩子呢？

你怎么总沉迷于网络世界？现实生活中有那么多有趣的事情，别老是盯着那些虚假的东西！

网络上的陌生人的生活关你什么事？专心做你自己的事情！

这种回应可能导致以下后果：

抗拒沟通：孩子可能因感到被误解而更加抗拒沟通，进一步沉迷于网络虚拟世界，以逃避现实生活，导致家长与孩子之间的沟通更加困难。

情绪和自尊受损：不被尊重的感觉可能导致孩子的情绪不稳定和并感到孤独，自尊心受损。这种羞辱感和内心的不安长期下来可能会影响孩子的心理健康。

抵触心理增强：面对不理解和批评，孩子可能会产生强烈的抵触心理，更加固执己见，继续沉迷于网络。这种对抗性的行为可能作为对现实不满或逃避的一种手段，长期下来会影响孩子的行为模式和决策能力。

❤ 分析与引导：引导孩子正确理解和使用网络

随着孩子逐渐步入数字世界，家长有责任引导他们理解和正确使用网络。这需要开放的交流和情感支持，也需要引导孩子辨识网络信息，以及建立正确的自我认知。

开放的交流和情感支持：分析孩子为什么会受到网络环境的影响，并提供一个安全、开放的空间，鼓励孩子分享他们在社交媒体上的观察和感受。通过共情和理解，深入了解孩子的内心想法。

引导网络信息的识别：引导孩子分辨真实与虚构，让其了解人们在网络上展示生活并非全部真实。讨论网络虚假信息对个人价值认知的影响，帮助孩子建立更加真实和积极的自我形象认知。

建立正确的自我认知：鼓励孩子参与现实生活中的活动和社交，培养他们的兴趣和才能。通过现实生活中的积极体验，帮助孩子认识到每个人都有独特的价值和闪光点，无须通过社交媒体上来定义自己。

要知道网络上不都是真的哦！那些完美的照片和故事很多都是包装出来的。我们可以一起来辨别。

网上的那些照片和故事让你烦恼了吗？记住你是特别的，你也可以分享你的闪光点，至少你能保证那是真实的。

通过理解与引导，以及增加真实生活体验活动，你可以帮助孩子养成积极健康的网络使用习惯。鼓励孩子更多地参与现实社交，建立真实的自我认知。

♥ 改善目标：网络时代下的自我成长与适应

让我们一起帮助孩子在数字浪潮中稳健航行，帮助他们辨别真假、自信成长。

增强自我认知：孩子将通过家长的引导学会更真实地看待自己和他人，减少不实际的比较和自我负面评价。

辨识能力提升：孩子将学会如何辨别和处理网络信息，减少因网络信息引起的误解和负面情绪。

积极参与现实生活：孩子将更多地参与现实生活中的活动，通过积极的社交和兴趣发展，建立强大的自信心。

网络社交媒体给孩子的成长带来的影响是全方位的，家长最终要让孩子能够正确地看待和使用这些工具。

女儿沉迷跳舞影响学习
引导孩子合理分配时间全面发展

中学是孩子同时探索兴趣和应对学业的关键时期，家长首先要了解孩子的兴趣，帮助孩子在兴趣和学业之间找到平衡，培养孩子的全面发展。

💜 **案例分析：当兴趣影响到学业**

女儿沉迷跳舞影响学习

初一的女儿对街舞非常感兴趣，每天放学后都投入大量时间练习。虽然我很高兴看到她有所追求，但同时发现她的成绩开始下降。我既想支持她的爱好，又担心学业受影响。该如何在她的热爱和学业之间找到合适的平衡呢？

你这么迷恋跳舞干吗？现实点，舞蹈能当饭吃吗？快点回去学习！

别再浪费时间了，那些都是没用的。好好学习，将来才有出息。

这样回应可能会导致以下后果：

情感隔阂增加：这样的回应可能会让孩子觉得被家长误解，孩子的爱好和努力没有得到认可，进而增加孩子与家长之间的情感隔阂。

自信心受损：孩子可能会觉得自己的兴趣和梦想被轻视，这可能损害孩子的自信心和自我价值感，导致内心的挣扎和不满。

💜 分析与引导：合理分配时间，全面发展

当孩子出现无法平衡兴趣和学业的问题时，帮助孩子在学业和兴趣之间找到平衡，激发孩子的潜力与责任感，才能让孩子全面发展。

合理分配时间：理解孩子对兴趣的热爱，与他们讨论如何在追求兴趣与保持学业之间找到平衡。共同思考合理分配时间的方法，一起制订时间表，确保两者都得到适当的关注。

兴趣与责任平衡：与孩子讨论兴趣与责任的平衡，重申追求梦想的同时不能忽视学业的重要性，引导他们理解两者都很重要。

> 我非常支持你跳舞，不过不能影响学习。我们制订一个时间表，平衡好学习和跳舞的时间，怎么样？

> 你跳舞的时候非常自信，这真的很棒。不过别忘了这个阶段的学业也很关键。希望你能全面发展！

鼓励和支持孩子平衡学业与兴趣，培养他们的自我管理能力，以全面成长，让孩子更加优质。

💜 改善目标：平衡成长，灵活规划

当孩子学会如何在追求自己热爱的兴趣和完成学业之间找到平衡之后，可以提高时间管理能力和责任感，也能加强对自己的满足感和自我实现感。随着时间的推移，孩子在面对抉择时会更加理性和明智，能够为自己的未来做出长远规划，成长为更加全面发展的人。

孩子觉得自己什么都做不好
帮助孩子建立自信

孩子在初中阶段往往更加关注自我形象，这对他们建立自我认同感和自尊心有重要意义。家长可以帮助孩子在面对内外环境变化时，建立和维护健康的自我认同感。同时，指导他们在挑战中强化内在价值观，培养出积极的自我认同感。

♥ 案例分析：自我价值的迷茫

> **孩子觉得自己什么都做不好怎么办？**
>
> 最近我家孩子好像有点儿不对劲。他之前文化课成绩和体育成绩都还不错。但他最近总是说自己做不好，跟同学比起来差很多，好像对未来也没什么信心了。我该怎么做？

> 怎么可能这么差？你得好好努力了。

> 别瞎想了，自己多读点书就行，我忙着呢。

这样回应可能会导致以下后果：

自卑与无力感加重： 批评会让孩子感到更加自卑和无力，对自我认同更加迷茫，甚至可能导致他怀疑自己的能力和价值。

迷茫、失去信心：孩子可能会感到被忽视和不被关心，对自我的迷茫没有得到解决，最终信心和积极性进一步下降。

♡ 分析与引导：强化自我认同

在帮助孩子建立健康自我认同方面，关键在于培养孩子自我接纳与积极反馈的能力，以及引导孩子探讨和明确自己的价值观。

自我接纳与积极反馈：沟通了解孩子的感受，告诉孩子每个人都有自己的独特之处和发展路径。鼓励孩子接纳自己的不完美，并从每次挑战中寻找成长点，建立自信。

价值观探讨与引导：引导孩子探索和明确自己的价值观。一起参与一些公益活动，探讨一些社会问题，帮助孩子形成对世界的理解和自己的立场。

> 别担心，每个人都有自己独特之处。不要过分苛责自己，每一次挑战都是学习的机会，你会越来越棒的。

> 咱们一起做公益活动，聊聊社会问题。你会更懂自己和这个世界的。

通过这些方法，你可以帮助孩子更好地理解自己，建立自信，培养出积极的自我认同感，为未来的成长打下坚实的基础。

♡ 改善目标：自信的提升与价值观的建立

积极的自我认同会让孩子逐渐建立起自信心，认识到自己的价值不是仅仅局限于某一方面的成就。孩子会形成更加明确和坚定的价值观，这将指导孩子的行为和决策，使孩子成为有责任感和有道德标准的人。懂得欣赏过程中的每一个小成就，体会成就感和满足感。

不爱运动的儿子突然要去徒步
引导孩子做事情深思熟虑

　　青春期的孩子往往容易冲动，而家长的任务之一是引导他们做事情要深思熟虑。这需要你的耐心引导，让他们更好地思考后果并确定长远目标。

💛 案例分析：孩子冲动的决定

> **不爱运动的儿子突然要去徒步**
>
> 　　我的儿子以前做事情很谨慎，但上初一之后经常冲动地做出一些决定。比如，突然决定参加为期三天的徒步活动。他以前从未徒步过，我很担心但又怕打击他的积极性。不知道该怎么办？

> 你怎么会做出这种决定？都没和我们商量一下。我不能同意这个决定！

> 你以前都没去徒步过，平时爬个山都嫌累，不准去！

这样回应可能会导致以下后果：

　　导致沟通障碍：家长的不理解和反对使孩子感到沟通困难，导致家庭关系紧张。

隐瞒行为：孩子因为家长的反对而信任降低，选择隐瞒自己的决定，这会导致风险增加。

💜 分析与引导：引导孩子做事情要深思熟虑

孩子可能因为青春期带来的内外压力，做出冲动决策。家长首先需要理解孩子做事的动机，再引导孩子做出合理的决定。

理解需求和动机：与孩子开展深入的对话，了解他内心的需求和动机，明白他为何做出目前的具有挑战性的决定。

引导长远思考：和孩子一起讨论这次行为可能带来的挑战和机会。帮助他更好地预见未来情况，以及做好相应准备。

> 可以和你的朋友一起制订一些安全计划，确保大家都能安全参与，我也可以帮你准备一些必备的物品。

> 听说你要参加徒步活动了？要考虑好风险和安全措施哦！

始终与孩子保持深入的对话，理解他们的需求和动机。一起探讨未来的挑战和机会，引导孩子更好地预见未米情况，以促进其积极成长。

💜 改善目标：自信的决策能力

当孩子逐渐深思熟虑，你将会看到孩子更加自信、冷静和具备更强的决策力。孩子会学会考虑未来的情况，更加谨慎地面对挑战，并积极制订目标和计划。不仅在学业上，还会在生活中展现更成熟和负责任的一面，为他们的成长和发展提供了更广阔的可能性。

第五章

培养孩子的自我管理能力

在孩子们踏入初中的旅程时，他们面临着提高自我管理能力的重大挑战。做事不考虑后果，不擅于时间管理，缺乏动力，生活习惯不好和责任感缺失等，都是孩子有可能存在的问题。我们可以引导孩子学会规划和遵守日程，激发他们的内在动力，并培养他们健康的生活习惯和勇于承担个人责任。帮助孩子在提高自我管理的道路上稳步前行，成为更独立、更负责任的人。

正确看待孩子对自主权的要求

在孩子步入初中的关键成长阶段，他们开始寻找自己的身份、探索独立性，并尝试建立自我管理能力。在这个时期，家长可以帮助孩子理解独立性的真正含义，引导孩子有效地管理自己的生活，从而做出明智的决定。

当然了，家长需要了解孩子追求独立性的心理背景，再为孩子提供实用的建议和方法，引导孩子在这一关键时期成功地过渡为成熟和自主的人。

通过理解孩子的内心世界，家长可以更好地支持他们的成长，让他们在面对生活的挑战时变得更加自信和自律。

♥ 追求独立性与自我管理

刚步入初中，孩子常会表现出对独立性的强烈追求。这不仅是因为他们正在经历生理和心理上的快速变化，也是因为孩子渴望在新环境中找到自己的位置。

独立性的追求对于孩子来说是建立自我认同、自信和自尊的重要路径。而自我管理能力则是支撑这一追求的关键，它帮助孩子学会有效地控制和管理自己的行为、情绪和时间，为未来的学习和生活打下坚实基础。

在孩子追求独立时，需要家长悉心引导他们学习自我管理。自我管理不仅包括时间和任务，还涉及情绪管理和责任感培养。通过参与日常决策，比如课外活动的选择、学习时间的规划等，孩子的自我管理能力将逐步增强。

如果孩子的独立性和自主性得不到充分尊重和支持，他们的决策和自我管理能力可能会受到限制。这可能会影响他们长期的个人发展和社交能力。所以，家长积极的沟通和共情，可以有效培养孩子的自我管理能力和决策能力。

♥ 独立性认知的发展

这一时期，孩子不仅追求独立性，同时也在学习如何管理自己的生活。在这个过程中，决策能力显得尤为重要。面对晚上学习还是玩电子游戏这样的选择，孩子如何做出明智的决定，既反映了其拥有独立性，也展现了自我管理能力的成熟程度。

家长的任务是引导孩子认识到每个选择背后的后果，帮助孩子学会权衡利弊，做出合理的决策。这不仅体现在孩子的一次时间规划或选择活动是否合理，更是在潜移默化中培养了孩子的责任感和前瞻性思维。随着孩子的逐渐成熟，他们在认知和决策上的发展将为其今后的人生道路打下坚实的基础。

♥ 家长指南：培养自我管理和决策能力

想在日常生活中帮助孩子练习和提高自我管理和决策能力，你可以引导孩子设定目标、管理时间、承担责任。这些不仅对孩子现在的学习和生活有益，也为他们未来成长打下坚实的基础。

目标设定：和孩子一起设定明确的短期和长期目标。目标可以包括学业成绩、个人兴趣发展、社交能力等。讨论并制订实现这些目标的具体步骤和方法。

时间管理：引导孩子有效规划和使用时间。可以使用时间表、日程安排应用或计划板来引导孩子跟踪日常活动。

责任感培养：鼓励孩子为自己的行为和决策承担责任。当孩子犯错误时，引导寻找解决问题的方法，而不是简单地批评或指责。

组织能力的培养：帮助孩子学会整理和管理个人物品、学习资料和生活空间，提高组织能力。

决策能力的培养：多让孩子做日常小决策，如选择课外活动或安排周末时间，引导孩子学会评估选择、做出决策并承担相应后果。

培养自我管理能力与决策能力

· **理解**："我知道你在数学学习上遇到了点儿困难，还想参加社团活动。"

· **目标设定与时间管理**："来制订个计划，怎么样？先设定一个目标，比如提高数学成绩；再计划好每天的学习时间，同时留出你参加社团活动的时间。"

· **培养责任感与决策能力**："如果遇到问题，我们一起想办法解决。重要的是，你要为自己的决定负责。一起试试看这个计划吧！"

你在日常生活中悉心引导孩子培养自我管理能力和决策能力，也是在与他们建立一种更深层次的联系。记住，每一个孩子都是独一无二的，他们在成长过程中探索和学习。不要一味责备，要帮助他们更好地认识自己，为自己的行为负责。要多沟通，了解孩子的想法和感受。当孩子犯错时，用引导而不是指责的方式来处理，这样可以教会孩子从错误中学习并找到解决问题的方法。你不仅仅要帮助孩子在学业上取得成功，更要培养孩子成为有责任感、能够做出明智决定的人。

考试前一天孩子还要玩游戏

引导孩子学会平衡学习与娱乐

青春期的孩子在面临学习和娱乐的抉择时，往往需要家长的引导。家长的反应和沟通方式将对孩子的决策产生深远影响。如何在尊重孩子的兴趣和需求的同时，培养他们的责任感和自我管理能力，是家长们需要认真考虑的问题。

💜 **案例描述：孩子面临学习和娱乐间的选择**

> **考试前一天孩子还要玩游戏**
>
> 第二天有一场重要的数学考试。复习完，临睡前，他还是想玩一会儿他最喜欢的游戏来放松一下。但我又很担心影响孩子的复习效果和考前准备。

你怎么又在玩游戏？明天要考试了你都不着急？立刻去复习！

放松最重要。你想玩就玩吧。

这种回应可能导致以下后果：

产生抵触情绪：这种命令式的沟通可能会让孩子感到被压迫，在情绪上与父母产生隔阂，不愿意接受建议。

不利于责任心养成：而过于放任的态度可能会导致孩子缺乏责任感。影响孩子不能形成良好的自我管理习惯，影响未来的学习和生活。

♥ 分析与引导：引导孩子学会平衡学习与娱乐

理解孩子的需求：要孩子在紧张学习之余，需要适当的放松和娱乐。与孩子进行开放的对话，了解他们的想法和需求。

培养时间管理能力：可以借机引导孩子合理安排时间，平衡学习与娱乐。可以协助孩子制定时间表。

引导自主决策：家长应鼓励孩子自己权衡利弊，做出合理的决策。家长需要向孩子说明不同选择的可能后果，让他们自己做出选择。

> 我知道玩游戏对你来说是一种放松。但我们也要考虑明天的数学测验。早点儿休息，保持好状态，怎么样？

> 我理解你现在想要放松，但我们也要做好考前的准备。我们可以一起制定一个学习和娱乐时间计划。

♥ 改善目标：具备更好的自我管理能力和责任感

自我管理能力的提升：孩子学会如何合理安排时间，平衡学习与娱乐，提高学习效率。

责任感的培养：孩子意识到自己的行为对学习成果的影响，培养起对自己行为负责的态度。

决策能力的增强：孩子通过家长的引导，学会独立思考和权衡利弊，做出明智的决策。

孩子玩游戏，不遵守家长的规定

与孩子深入沟通并共创规则

这个时期，孩子可能会表现出对权威和规则的反抗，这是孩子寻求独立性的一种方式。

通过观察和理解孩子叛逆行为背后的原因，可以有效地将这种求独立的能量引导至其他更积极的目标追求上。可以和孩子一起找到并设定这个目标。孩子将叛逆转化为实现个人目标的动力，培养孩子自我管理的能力，促进其健康成长。

♡ 案例描述：孩子无视父母制订的规则

孩子玩游戏，不遵守家长的规定

我不知道怎么办了。孩子每天都沉迷于手游，完全不听我们的。每当我试图限制他玩游戏的时间，他就变得非常生气和叛逆，我真的不知道该怎么引导他。

你怎么就这么不听话？从现在开始，我要把你的手机收起来，你再也不准玩了！

你每天就知道玩游戏，你的成绩怎么可能好？放下手机好好学习，你怎么就做不到呢？

这种回应可能导致以下后果：

孩子的感受被忽视：家长的严厉批评和与别人对比可能导致孩子觉得自己的感受和需要被忽视，孩子会有被误解或被放弃的感觉。

影响自我管理能力的提升：如果家长采取严厉控制的方式，孩子可能无法学会如何自我管理，特别是在处理时间和兴趣选择方面。

信任与沟通的减少：批评或强制的方式，可能导致孩子与家长之间的信任和沟通减少，使得家长更难了解孩子的真实需求和感受。

💜 分析与引导：平衡游戏和责任

面对孩子沉迷于游戏而忽视规则的问题，家长的任务是理解孩子背后的动机，并引导孩子学会平衡游戏与学习和生活的时间精力。这既是对孩子行为的规范，也是教会孩子要在娱乐和责任之间做出合理的选择。

分析游戏的吸引力：与孩子交流，了解其喜欢玩游戏的原因，再引导孩子发现游戏之外的乐趣。比如，鼓励其参与体育活动或兴趣小组，让孩子在现实生活中也能找到乐趣。

合理规划时间：与孩子一起制订合理的时间表。在孩子的时间表中规划出学习、休息和游戏的时间，让孩子感到自己的意见得到尊重，同时也学会自主管理时间。

游戏与责任的平衡：强调游戏和学生或家庭责任之间的平衡。和孩子讨论如何在享受游戏的同时，也不忽视学习和家庭责任。

你真的很喜欢玩这个游戏吗？下次我也试试看。不过适当的休息也很重要，注意劳逸结合。

我明白你现在想要更多的自由，要不你制订一个合理的游戏时间表怎么样？这样你既能享受游戏，又能确保完成作业。

听取孩子的观点和感受，并与孩子共同寻找解决问题的方法，而不是单方面地施加规则或限制，有助于建立亲子间信任和理解，同时也鼓励孩子参与到决策过程中，学习自我管理，并承担责任。

💗 改善目标：从抗拒到共建规则

通过有效沟通和共同制订规划，孩子将经历从不遵守规则到参与制订和遵守规则的转变。孩子的叛逆行为得以改善，还培养了责任感和自主性。

增强时间管理和自律能力：通过参与制订游戏和学习的时间表，孩子将学会更好地管理自己的时间。让孩子重视学习等责任，培养自律能力。

提升决策参与感和责任感：当孩子参与到规则的制订过程中时，会感到自己的意见被重视，从而更愿意遵守这些规则。这种参与感还会进一步提升孩子的责任感，让其明白自己的选择和行为对自己和家庭的重要性。

通过这些改变，孩子不仅能够更好地理解家庭规则的重要性，还能在遵守规则的过程中学会自我管理和责任承担。

孩子为了玩不去上补习班

引导孩子考虑决策带来的后果

孩子在做决策时，多很少考虑长远后果。这是因为孩子的认知发展还不够成熟，也存在对即时满足的追求。你可以帮助孩子理解每个决策背后都会带来长期影响，并引导孩子学会深思熟虑。

💙 案例分析：孩子做事不考虑后果

> **孩子为了玩不去上补习班**
>
> 我的孩子做事总是不考虑后果。比如，他决定放弃周末的补习班，只是为了和朋友出去玩。我不知道该如何让他理解，这对他的学习可能产生影响。

> 你怎么能这么不负责任？为了和朋友玩就放弃补习班。你的学习那么重要，你怎么就不懂呢？

> 你的这个决定太愚蠢了！我要取消你所有休闲时间，直到你学会认真对待你的学习！

这样回应可能会导致以下后果：

缺乏责任认知：不加以正确引导的批评可能导致孩子不能理解放弃

补习班去玩对自己的长远影响，从而无法体会要对自己的行为负责。

影响决策能力提升：简单的指责或惩罚，无法帮助孩子学习到如何做出深思熟虑的决定，反而可能阻碍他们在决策能力上的成长。

信任与理解的缺失：导致孩子与家长之间信任感的缺失，孩子在遇到问题时可能会不愿意寻求家长的帮助。

♥ 分析与引导：引导孩子考虑决策带来的后果

在这个重要的成长阶段，孩子经常面临需要做出重要决策的时刻。你可以帮助孩子理解每个决策背后的长远影响。通过与孩子进行深入的对话，引导孩子前瞻性思考，帮助其识别各项事务或需求的优先级，做好平衡。还可以鼓励孩子为自己的未来制订合理的目标和计划，帮助孩子在各种情境下都能做出明智的选择。

后果分析：指导孩子分析某个决策或行为的潜在后果，比如放弃补习班可能对学业带来的影响。通过实际例子和情境分析，帮助孩子理解短期选择对长期目标的影响。

长期目标设定：与孩子一起讨论并设定长期的学习和个人发展目标。引导孩子思考如何通过当前的决策，比如参加补习班，实现这些目标。强调决策与长期目标的联系。

优先级排序与时间管理：引导孩子学习评估事项的优先级并为之排序。引导孩子有效地管理时间，平衡学习和娱乐活动。例如，安排固定时间用于学习，同时留出时间用于与朋友社交。

当你与孩子深入对话，引导孩子进行前瞻性思考，教会孩子如何在日常生活中有效管理时间和确定优先级，实际上是在培养孩子成为更有责任感、更有远见的人。

> 我知道和朋友出去玩对你来说很有吸引力，但让我们想想这会对你的学习产生什么影响。可能会影响考试分数，你觉得值得吗？

> 你可以制订一个时间表，把补习班和出去玩的时间都安排好。这样你就既不耽误学习，也能和朋友玩了。

这样回应，传达出对孩子感受的理解和尊重，引导孩子学会做出更加明智的决策。

♥ 改善目标：从即时满足到长远规划

在你的引导下，孩子将学会在做出选择时思考更多后果。这培养了孩子的前瞻性思维和责任感。

决策能力的增强：孩子学会权衡各种因素，做出更明智的决定，比如在学习和娱乐之间找到平衡，而不是单纯追求即时的快乐。

目标意识的提高：孩子将学会设定具体的学习和个人发展目标，且更有动力去实现这些目标，明白每个决策如何影响他们的未来。

时间管理的改善：通过更好的时间管理，孩子将有效地平衡学习和娱乐，确保两者都得到适当的关注。

学会如何做出深思熟虑的决策，不仅有助于孩子当前的学习和生活，也为他们未来生活奠定了基础。

为什么孩子做作业总是拖拖拉拉

引导孩子学会规划和遵守日程

刚上中学，孩子往往还没有完全掌握时间管理的能力。作为家长，我们需要了解他们在这方面的不足，然后引导他们学习有效地规划和遵守日程安排。培养时间管理能力不仅对孩子的学业发展至关重要，也对培养他们的自律和责任感起到重要作用。

♥ 案例描述：孩子无法管理好时间

孩子做作业总是拖拖拉拉

我的儿子总是要拖到很晚上才做完作业，每次完成得都很匆忙，更没有时间复习，他还会很疲惫。我真的很担心他这种拖延的行为会影响他之后的学习，不知道要怎么帮他改。

你每天都这么晚做完作业，效率这么低，你就不能快一点儿吗？！

你太拖拉了，总是这样怎么行？你得立刻改掉这个坏习惯！

这种回应可能导致以下后果：

忽视真正问题：这样的回应可能会让孩子感到被误解，而孩子的时间管理问题并未得到解决，继续影响他们的学习效率。

增加心理压力：直接的批评可能加剧孩子的焦虑，使他们在面对作业和时间安排时感到更加压抑和无助。

有损自我改进的动力：没有提供具体的指导和支持，孩子可能感到迷茫和挫败，从而缺乏自我改进的积极性和动力。

这种回应可能让孩子认识不到真正的问题所在，反而增加了孩子的内心压力，同时也削弱了孩子自我改善的积极性和动力。

♥ 分析与引导：引导孩子重新发现学习的兴趣

时间管理能力的不足，对于刚上初中的孩子来说是非常常见的现象。这个年龄段的孩子正处在从依赖到独立的成长期，需要学习如何合理安排和利用时间。当孩子出现这方面问题时，你要做的首先是找到具体的原因，再引导孩子一起制订计划并执行，让孩子逐步掌握时间管理的能力。无论是学习还是今后的生活，这个能力都对孩子非常有益。

分析与理解：了解孩子时间管理不善的具体原因。是因为分心？还是不了解如何规划？通过与孩子的对话，传达理解和共情的态度，并找到原因。

共同制订计划：和孩子一起制订一个简单实用的时间表，让孩子参与其中，提出自己的想法，让孩子感受到自主权。

定期检查与鼓励：每周可以检查时间表的执行情况，并给予孩子正向的反馈，比如："这周你按时完成了数学作业，做得很好！"

你看起来很累，要不回家后先休息一会儿，然后再开始做作业，这样可能效率更高，还有时间复习和玩耍呢。

我们可以试着一起制订一个时间表，我可以辅助你，比如安排固定的时间做作业和复习。你觉得呢？

孩子如果能感受到你的耐心，他也更乐意让你参与，帮助他提升学习效率。随着时间的推移，孩子将逐步学会有效管理自己的时间，也进一步培养出更强的自我管理能力和责任感。

💜 改善目标：自主的学习态度

在家长和孩子的共同努力下，我们可以期待孩子在有效规划日程、提升学习效率、增强自律性等方面取得显著的进步。

提高规划能力：孩子通过学习如何合理分配时间，在面临临时且急促的任务时会更从容地处理，让日常生活和学习更加有序。

增强自我管理：孩子将更有效地控制自己的日程安排，减轻由于时间安排不当带来的压力，从而在学习和生活中表现出更好的自制力。

自主学习的实践：引导孩子制订学习计划，鼓励他们独立完成学习任务。自主学习能力的培养有助于提高孩子的学习效率和责任感。

这些改善不仅促进了孩子在学业上的进步，更重要的是使孩子在面对生活的各种挑战时更加自信和独立。

孩子说学习"没意思"
引导孩子激发内在动力

孩子处于青春期，身心都在经历快速成长。有时候，孩子对学习不积极可能并非单纯的懒惰，而是不知道如何激发自己的内在动力。家长需要找到根本原因，来帮助孩子激发内在的动力，让孩子发挥主观能动性。

♥ **案例分析：孩子找不到学习的动力**

孩子说学习"没意思"

我的孩子以前成绩还不错，但进入初中后，就变得提不起劲儿来。每次问他学习的事，他总是说'没意思'或者'不想学'。我尝试鼓励他，但似乎没什么效果。这让我很担心，不知道该怎么帮助他找回学习的动力。

你怎么什么都不想做？学习没意思那什么有意思？！

别说这些有的没的，为什么不想学？学生的任务就是学习，你要自己调整心态！

这样回应可能会导致以下后果：

进一步减弱学习动力：只是一味施压要求学习，可能会让孩子感到更加沮丧和无力，进一步减弱他们原本就不强的学习动力。

增加心理负担：这种缺乏同理心的回应可能使孩子感到被误解，增加心理负担，导致孩子在学习上的兴趣和积极性进一步下降。

♥ 分析与引导：引导孩子激发自驱力

理解孩子的变化，帮助孩子发现自己的兴趣，鼓励其设定和实现目标，这对孩子的成长和长期自立都有着深远的影响。

挖掘内在动力：孩子在青春期会出现兴趣波动。在与孩子的沟通中，可以更加关注、挖掘他们的内在激励因素。

培养自主性和责任感：鼓励孩子设定并实现自己的小目标，这样做不仅能提升孩子的成就感，也增强了孩子的自主性和责任感。

培养解决问题的能力：和孩子一起探索如何独立克服挑战并达成目标。提供必要的指导，同时鼓励孩子自行寻找解决方案。

> 让我们确定一个目标，无论是学业上的，还是个人爱好的，都是你自己意愿去达成的。

> 在追求你感兴趣的事情时，遇到挑战是正常的。我们可以一起讨论，找到解决办法。

♥ 改善目标：克服动力不足，积极改变

通过设定并实现小目标，孩子的自我驱动力和自信心得到增强。由此，孩子将逐步找到学习的兴趣和动力。开始更热情地投入学习，积极性明显提升。这不仅使他们在学习上变得更加主动，也会在未来面对生活中各种事情能积极应对。

孩子晚上不睡，早上起不来
培养健康习惯并建立规律作息

初中开始，孩子常常因为学业压力增大和身体的成长变化而出现不良的生活习惯。不要太过担心，这是成长过程中会发生的。你需要观察并找到孩子出现不良习惯的根本原因，帮助孩子培养健康的生活习惯，建立规律的作息。

💜 案例分析：孩子作息不规律

> **孩子晚上不睡，早上起不来**
>
> 我的孩子最近总是熬夜，要么做作业，要么在床上看书。每次提醒他早点睡觉，他都不听。但是他早上又起不来，经常迟到，整个人显得没精打采的。我不知道该怎么办好。

你怎么这么不听话，晚上不早点儿睡，早上就起不来。

你晚上到底在干吗？早上起不来就会迟到。你自己承担后果。

这样回应可能会导致以下后果：

有损自我管理的动力： 由于缺乏理解和指导，孩子可能无法找到改善生活习惯的动力和方法，会持续不良的作息习惯。

自我管理能力下降：家长这样的回应可能使孩子感到更加沮丧和无助，导致他们在管理自己的时间和生活习惯方面变得更加杂乱无章。

♥ 分析与引导：培养健康习惯，建立规律作息

关注孩子的变化，帮助孩子发现自己的兴趣，鼓励其设定和实现目标，这对孩子的成长和长期自立都有着深远的影响。

制订合理的作息表：与孩子一起讨论并制订合理的作息表。确保孩子有合理的学习时间，以及足够的放松和休息时间，避免熬夜。

进行睡前放松活动：引导孩子进行适当的睡前放松活动，如阅读、听轻音乐或进行简单的伸展运动，有助于孩子放松身心。

建立固定的睡眠时间：与孩子一起确定固定的睡眠时间，保持有规律的作息有助于调整孩子的生物钟，也能提高睡眠质量。

> 我看到你晚上睡得很晚，让我们一起安排一下时间吧。再试试睡前做些轻松的事，比如听听音乐。

> 设定一个固定时间表怎么样？这样可以帮助你的身体适应更好的作息规律。

通过这些方法，家长可以帮助孩子逐步建立规律的作息习惯和健康的生活方式，为他们的健康成长提供支持。

♥ 改善目标：积极改善生活习惯

当孩子改善了混乱的作息，会逐步建立起规律的生活习惯，这有利于孩子的精神状态和学习效率。孩子了解了健康生活的重要性，有益于其今后的学习和生活。

孩子成绩下滑怪老师

让孩子了解要对自己负责

处于青春期的孩子，可能会表现出责任感的缺失。这个阶段的孩子要在成长中学习如何为自己的行为和决策承担责任。只要理解了这是成长过程中的一个阶段，你便能逐步引导孩子学会为自己的行为负责，这是孩子迈向成熟的必经之路。

💛 案例分析：孩子不正视问题，总找借口

> **孩子成绩下滑怪老师……**
>
> 我的孩子最近的学习成绩有所下滑。但他总是找借口，不愿意承认是自己没努力。每次我问他，他都说是因为老师讲课不清楚。我真不知道怎么教育他了。

你怎么总是找借口呢？成绩下滑就是因为你自己不够努力，怎么还怪老师！

你现在找理由，以后可怎么办？你必须认真学习，别总是逃避问题。

这种回应可能导致以下后果：

责任感进一步缺失：家长直接责备可能使孩子在面对问题时更加倾向于逃避责任，而不会认识到应承担责任并解决问题。

对家长产生抵触心理：孩子可能对家长的建议和指导产生抵触心理，这不仅影响家长帮助孩子，也可能损害亲子关系。

🩶 分析与引导：让孩子理解自己的事情需要自己负责

可以通过增强孩子的自我反思、共同设定目标和教育孩子理解后果，来引导他们学会负责。

增强自我反思能力：鼓励孩子自我反思，探究产生问题的真正原因。

设定明确的目标和责任：与孩子一起设定具体的学习目标，并讨论实现目标需要做的努力。明确指出孩子应对自己的学习负责。

鼓励承担后果：引导孩子理解，自己的决策和行为会带来相应的后果，并鼓励孩子为此负责。

> 你的成绩最近下滑了，让我们一起来找找原因，除了老师的讲解，还有什么可能影响了你的学习？

> 学习是你自己的事情，我在这里支持你，但你也需要为自己的学习负责。

这么说，孩了会逐渐认识到自己是个人学习的第一责任人，要对自己负责。

🩶 改善目标：增强责任心，对自己负责

通过家长温柔的引导，孩子逐渐学会为自己的行为和决策承担责任，这是他们成长的重要过程。孩子将会在自我管理上取得进步，学会负责任地解决问题。这不仅让他们在学习上更有责任心，也为他们面对未来的挑战打下了坚实的基础。

第六章

帮助孩子突破社交困境

升入初中的孩子不仅面临着学业上的挑战，更要在纷繁复杂的社交世界中寻找自己的立足点。在这个全新的阶段，孩子的社交圈迅速扩展，同龄人的影响日益增强。孩子有时会在群体中感到孤独，有时面对人际冲突时会感到无所适从，有时会对构建人际关系感到迷茫。在这一关键时期，我们需要引导孩子学会处理人际交往中的问题，培养孩子成为自信、具有同理心且善于沟通的个体。

迎接青春期的社交挑战，
探索个性成长

步入初中生活，孩子不仅迈入了一个新的学习阶段，还开始在更复杂的社交环境中探索和成长。在这个关键的成长期，孩子会面临三个主要的挑战：同龄人的影响与价值观冲突、同伴压力的影响，以及健康的社交关系的建立。这些挑战是孩子成长道路上不可或缺的一部分。

而理解和引导是家长需要做的。你需要认识到，孩子在这个阶段的探索和变化是其形成独立人格和社交身份的必要过程。孩子对于同伴的态度，在朋友圈中的互动，以及在新的社交环境中的适应，都是成长中需要去探索的。

你不仅要帮助孩子应对挑战，还要鼓励孩子在此期间不断探索自我，慢慢形成个人价值观。

♥ 同龄人的影响与价值观冲突

这个时期，同龄人的影响开始显著增加，他们的观点、行为习惯乃至穿着风格都可能对你的孩子产生影响。有些同龄人的观点或行为有时会与家庭所倡导的价值观发生冲突。孩子在尝试塑造自己独立的社交身份时，不可避免地会探索与家庭价值观不同的思想和行为。这种探索虽是青春期自我发展的正常表现，但许多家长往往往会感到担忧。

问题的关键在于，如何在尊重孩子的社交需求与维护家庭价值观之间找到平衡点。

💜 同伴压力的影响与应对

升入初中的孩子面临着来自同伴的各种压力。无论是关于学习，兴趣爱好，还是日常行为习惯，都对孩子产生着影响。重要的是，家长们需要明白，同伴带来的压力并不总是消极的。它可以激励孩子去尝试新事物，学习新技能，甚至帮助孩子建立自信。然而，也存在着不良的同伴压力，比如违背个人价值观的行为诱导等。因此，关键在于引导孩子正确识别和应对这些压力。

家长可以通过与孩子进行开放式对话，例如，询问孩子在学校遇到的情况，讨论他们的感受，并引导他们分辨正面与负面的影响。一个有效的方法是提出假设性问题，如："如果朋友让你做你觉得不对的事情，你会怎么办？"这样的对话有助于孩子在安全的环境中练习决策能力。

💜 建立健康的社交关系

你可以通过多种方式帮助孩子培养社交能力。

首先，成为孩子的良师益友。家长可以通过参与孩子的日常生活，如举办家庭游戏夜或一起进行户外运动，加深彼此的了解，同时观察孩子在社交方面的表现和需求。

其次，教导孩子选择朋友非常重要。我们可以引导孩子理解友谊的真正含义，并鼓励他们与那些积极的同伴建立联系。同时，教会孩子如何拒绝负面或有害的影响，以培养他们的判断能力和独立思考能力。

引导孩子塑造自我

· **理解**： "我知道你最近对于和同学们交流感到有些不知所措。没事的，每个人都有自己的社交习惯。"

· **引导**： "我们可以趁你的生日办一个生日派对，邀请几个你熟悉的同学来家里。"

· **方法**： "我们可以一起计划活动和游戏，这样你就可以在熟悉的环境中和他们互动，也许会更容易融入他们之中哦。"

· **鼓励**： "如果你在交友过程中感到困惑或需要帮助，都可以来找我。我们可以一起探讨，找出最适合你的方式。"

通过这样的互动和引导，家长不仅帮助孩子建立了健康的社交关系，还促进了孩子成为更加独立和有判断力的个体。

孩子想玩一个同学间流行的网络游戏

培养孩子的自控力和决策智慧

同辈社交对青春期孩子很重要，但可能会存在一些行为影响孩子健康成长。家长应尊重孩子个性，引导其正确面对社交压力，实现健康成长。这需要细心观察、耐心沟通，确保孩子在社交中既快乐又健康。

💗 案例描述：孩子渴望和同学玩成一片

> **孩子想玩一个同学间流行的网络游戏**
>
> 孩子上了初中，最近他的同学们都在讨论一款流行的网络游戏。他也想尝试这款游戏。但是网络游戏很容易让孩子沉迷。我担心游戏会影响孩子的学业和健康。

你绝对不要玩那个游戏，不要看到你同学玩就跟着玩！这些无聊的游戏会让你荒废学业！

你不能玩那个游戏，网络游戏都是不好的，会影响你的学业和健康。

这种回应可能导致以下结果：

孩子产生逆反心理：严厉禁止的态度可能会让孩子感到被压抑，产生逆反心理。严重的，孩子可能会在私下里偷偷玩游戏，甚至撒谎。

孩子产生孤独感：孩子可能会因为无法与同学分享游戏体验而感到孤立。

💜 分析与引导：培养孩子的自控力和决策智慧

家长需要理解孩子想要融入集体的心理需求，以及他们对新鲜事物的好奇心。与孩子进行开放的对话，了解他们对游戏的真实看法和动机。

一起制定游戏计划：家长应该与孩子一起制定游戏时间表，确保游戏不会影响到学习和休息。明确游戏时间、时长和条件，让孩子在规定的框架内自由选择。

培养独立思考能力：家长应教育孩子识别正面和负面的同伴压力，并鼓励他们做出自己的判断。通过讨论和引导，帮助孩子分析游戏的利弊，学会自我决策。

> 我知道这个游戏，现在很流行！你觉得怎么样，好玩吗？

> 我们可以一起想想办法，在保证学习和休息的同时，让你有时间玩，怎么样？

这种沟通方式能够让孩子感到被尊重和理解。合作性的提议能够让孩子参与到决策过程中，增强他们的责任感。

💜 改善目标：明智社交，智慧决策

社交技能的发展：孩子能够在与同伴的互动中保持自我，不盲目跟风，建立健康的社交关系。

决策思维的培养：孩子能够独立分析问题，做出符合自己价值观和利益的明智选择。

孩子上初中后交不到朋友
鼓励孩子融入新环境

当孩子升入初中，他们会遇到社交环境的巨大变化。家长需关注并理解孩子在新环境中的迷茫，引导孩子快速适应。初中生往往渴望被接纳，同时也在寻找自己的社交定位。当孩子无法融入新环境时，别忘了及时给予鼓励和引导，帮助孩子更快融入新环境。

💜 **案例描述：孩子的社交迷茫**

孩子上初中后交不到朋友

我的孩子刚上初中，还没有交到新的朋友。他说他不知道怎么跟同学们打成一片。我看他每天都很沮丧，但也不知道该怎么帮他。我应该怎么帮他呢？

别太敏感了，时间久了自然就能交到朋友，不用老是那么担心。

你主动点儿嘛！你不主动怎么能和别人交朋友呢？你多试试嘛。

这种回应可能导致以下后果：

加剧社交压力：这种回应忽视了孩子在新环境中的适应困难，可能使孩子感到更加无助，加剧了初中生活带给孩子的压力。

减弱自信心：将社交困难归咎于孩子个人的努力不够或性格原因，可能导致孩子对自己的社交能力失去信心，增加孩子的不安和自我怀疑。

错失指导机会：这种回应方式可能让孩子觉得父母无法理解自己的困境，从而错失了家长引导孩子学习建立新友谊、适应新环境的重要机会。

💗 分析与引导：鼓励孩子融入新环境

这种情况下，你首先要鼓励孩子分享自己在学校的经历。让孩子知道家是一个安全的港湾，他们可以畅所欲言。然后，引导孩子先试着和一个同学开始交流，逐渐拓宽社交圈。同时告诉孩子每个人的独特性，鼓励孩子在保持自己个性的同时融入新环境。

定期沟通：固定时间和孩子沟通，比如睡觉前或是吃饭的时候，鼓励孩子分享在学校的经历、感受和遭遇。这个过程中，家长应该倾听、理解并给予正面的反馈，而不是直接指导或批评。这有助于孩子感到被支持和理解，增强他们在社交方面的自信。

小目标设定：引导孩子设定一些简单而具体的社交目标，例如一周内与一个新同学交谈。这些小目标应该既具有挑战性，又能让孩子感到可实现。完成这些小目标后，及时给予鼓励以增强孩子的成就感和社交能力。

参与兴趣小组或社团：鼓励孩子加入学校的兴趣小组或社团，这些活动能让孩子在共同兴趣的基础上与他人建立联系。

我理解你在新环境中感到有些迷茫。没事，我以前上初中时也和你一样。你可以设定一个小目标，比如这周先和你前后座位的同学交流。

你可以报名参加学校的兴趣小组呀，在里面找到和你有相同爱好的朋友。

此时，孩子需要你的支持和指导。同时告诉孩子，一时半会儿没交到朋友没关系，多尝试，关注过程，多鼓励自己，一定能建立自己的社交圈的。

改善目标：孩子在社交上的积极转变与收获

在家长的引导和支持下，孩子在社交上会有显著的转变。这不仅体现在孩子的日常互动中，也反映在孩子的自我认识和心态上。

增强社交自信：孩子将学会如何与同龄人沟通和交流，不再害怕与人接触，逐渐开始主动参与集体活动，展现出更多的开放性和自信。

建立稳固的友谊：通过参与兴趣小组和社交活动，孩子将逐渐找到志同道合的朋友，建立了更加稳定和深入的友谊关系。

提升社交技能：孩子将学会如何在不同的社交场合中表达自己，理解他人，提高了解决冲突和建立良好人际关系的能力。

在适应全新的社交环境方面，孩子极需要我们的引导和鼓励。不要因为孩子一时的迷茫或挫折感到过度焦虑。每个孩子的成长路径都是独一无二的，他们在适应新环境时会有自己的节奏和方式。请相信，孩子们拥有惊人的适应能力和潜力。

孩子在班级没有归属感
培养孩子建立友谊的能力

进入初中,孩子正处在寻找自我认同的敏感阶段,对同伴的接纳极为重视。然而,有时孩子可能会面临群体中的孤立感,这对他们的社交发展和自我认知都会产生影响。家长在这个时候需要了解孩子感到孤立的原因,以及孩子的内心感受,才能有效地帮助孩子培养出建立友谊的能力。

♡ 案例描述:孩子的班级边缘感

> **孩子在班上没有归属感**
>
> 我的儿子上初一了,他经常感到自己在班里格格不入。他说他和其他同学兴趣不一样,课间休息和放学的时候,他常常一个人。我有点儿担心,不知道这样是否正常,也不知道怎样帮他更好地融入班级。

哎呀,这有什么大不了的,兴趣不一样就不一起玩呗,你也别太担心了,习惯就好了。

怎么其他人就能玩在一起?你就聊大家都感兴趣的话题啊,这样不就玩到一起了吗!

这种回应可能会导致以下结果：

加深孩子的被孤立感：可能会让孩子感觉自己与同学兴趣不同的独特性是一个负担，从而加剧孩子在班级中的被孤立感。

阻碍个性的发展：让孩子为了融入群体而追随大众兴趣，可能会限制孩子个性的发展和自我表达，使孩子失去探索自己真正兴趣的机会。

减少自我认同感：这种回应可能使孩子感觉需要改变自己以适应他人，从而降低孩子的自我认同感。

♥ 分析与引导：树立独立的价值观

理解和接纳孩子的独特性非常重要。每个孩子都有自己独特的兴趣和个性，我们应该鼓励他们成为自己，而不是迫使他们改变自己以适应他人。通过耐心倾听和理解，我们可以帮助孩子在社交技巧上取得进步，同时保持他们的个性，建立真正意义上的友谊。

参与协作项目：鼓励孩子多多参与与同学协作的项目，如课题报告、社区服务或兴趣小组等。共同为一个目标努力可以加强团队合作，从而促进深层次的友谊建立。

进行情景模拟：在家中进行社交情境角色模拟，模拟在学校遇到的特定社交场景，帮助孩子练习如何接近他人、对话互动等。这有助于孩子在实际的社交场合中更从容、自信。

开展互动游戏：安排一些可以促进互动的家庭活动，如桌游之夜，邀请孩子的同学参加。这样的"非正式场合"可以让孩子在轻松的环境中与同学互动，促进友谊的自然发展。

我知道你感到有点孤独，我们可以一起想办法。比如我们在家里组织一个桌游聚会，邀请你的一些同学来，他们肯定会很喜欢。

我们两个可以练习怎么跟同学聊天。这样，等你真的去跟他们聊的时候，可能就会觉得轻松些，更有自信些。

这样的回应可以帮助孩子在保持自己独特性的同时，提升社交技能，逐渐建立起友谊，耐心地陪伴孩子成长，帮助孩子在初中这个重要阶段找到自己的位置。

♥ 改善目标：自信社交，收获友谊

孩子的社交互动得到改善，慢慢地在班级中和同学建立友谊，收获自信。

增强社交自信：孩子通过实际的社交，将逐渐提升社交时的自信，减少在人际互动中的紧张感。

建立真实友谊：通过参与共同兴趣的小组活动，孩子将与志趣相投的同学建立起更深入的联系，形成稳固而真实的友谊。

提高社交技巧：在家庭互动游戏和学校集体活动中，孩子将学习如何更自然地与他人交流，有效提升日常社交场合的应对能力。

鼓励孩子参与社交练习和集体活动，引导孩子建立友谊，帮助孩子建立自信的社交技能。记住，每个孩子都是独一无二的。

孩子和同学有了小摩擦
引导孩子进行有效沟通

孩子在与同龄人的交往中不可避免地会遇到各种问题。这些冲突可能源于意见分歧、误解，或是不同的价值观。对于青春期的孩子来说，他们需要学会如何表达自己，如何倾听他人，并解决沟通矛盾。这个阶段，你可以引导孩子学习更有效的沟通技巧。

💛 案例描述：孩子和同学之间的冲突

孩子和同学有了小摩擦

我的孩子刚上初一，最近他好像在班里遇到了一些麻烦。他跟我说，因为一些小事和一些同学起了争执。他很烦恼，有点不知所措。我也不太清楚该怎么助他一臂之力。我该怎么帮他处理这些小冲突呢？

这点儿小摩擦没什么的，同学之间的小摩擦很常见的，不用大惊小怪。慢慢就会好的，别太上心。

在学校，总会有这样那样的问题。这种小事你要学着自己解决，别每次遇到问题就来找我！

这种回应可能导致以下后果：

感受和需求被忽视：轻描淡写地对待孩子的困惑，可能让孩子觉得自己的感受被忽视，感到孤立无援。

缺乏解决冲突的技巧：未能提供具体的指导和支持，孩子可能无法学习到解决人际冲突的有效方法，导致问题重复发生。

影响自信和社交发展：这种回应可能导致孩子在今后遇到类似问题时缺乏自信和技巧，从而影响孩子的社交发展和人际关系建立。

♥ 分析与引导：学习有效沟通技巧

在处理人际冲突方面，你可以引导孩子理解冲突背后的真正原因，并学会更有效的沟通技巧。比如，学会表达自己的感受和观点，同时理解和尊重他人的观点，以寻找解决冲突的方法。

让孩子学会认识和管理自己的情绪，与同学进行建设性和同理心的沟通，在冲突中寻找解决方案，帮助孩子在人际关系中变得更加成熟和自信。

情绪识别与调节：引导孩子识别和表达自己的情绪，比如通过写日记、谈话等方式。再引导孩子学习调节情绪，例如深呼吸、参与放松活动等。

建设性对话技巧：引导孩子学习建设性的对话技巧，如使用积极的语言表达自己的观点和需求。同时开放心态倾听他人的意见，共同探讨解决冲突的方法。

积极倾听的技巧：教孩子专注地听别人讲话，不打断，同时用肢体语言和口头回应显示理解。这样能更好地理解他人，并表达尊重和同理心。

你可以把你的烦心事告诉我。具体发生了什么？慢慢说，不用着急。要是觉得不好说，写下来也行。

遇到问题先别急，多听听他们怎么说，多点头，表示你在听他们说，这样大家都能感觉到被尊重，也许就能更容易解决问题了。

得到这样的引导，孩子将能更好地应对生活中的挑战，与他人建立更加和谐的关系。

♡ 改善目标：提高沟通和解决问题的能力

当孩子们学会了有效的沟通技巧，他们在处理人际关系和冲突时会有显著的改进。这些技巧能帮助他们更好地表达自己，也使他们能够更加成熟和自信地与他人互动。

情绪控制能力的提升：孩子将学会识别自己的情绪，并采取有效的方法来调节，这有助于孩子在冲突中保持冷静和理智。

可以有效的沟通：孩子学会了积极倾听和建设性表达，能更好地理解他人并清晰表达自己的观点，从而提高沟通的效率和效果。

解决问题的能力增强：孩子在家长的引导下，提高了解决冲突和建立积极人际关系的能力，变得更加擅长于找到和解问题的方法。

孩子会在与朋友的相处中变得更自在，能更好地管理自己的情绪，更清楚地表达自己，同时也更加愿意倾听和理解他人。孩子的每一点进步都值得肯定，别忘了多鼓励。

孩子不懂得说"不"

培养孩子有效表达立场的技巧

在初中这个重要的成长阶段,孩子经常面临着是否顺从同伴或如何表达自己真实意愿的抉择。有时,为了融入集体,孩子可能会顺从他人,即使这与自己的想法和感受不符。此时,你需要善于观察并深入了解孩子的想法,引导孩子学会有效且坚定而礼貌地表达自己的立场。这对于孩子建立自信和学会尊重自己的意愿至关重要。

💙 **案例描述:孩子难以拒绝同伴的要求**

孩子不懂得说"不"

我的孩子刚上初一,我发现他有时候会做一些同学让他做但自己并不想做的事情。他好像不太懂得怎么说"不"。感觉他有点迷茫。我应该怎么帮他?

人家做你就一起做啊,这样就能和同学打成一片了!哪有那么多不愿意啊!

不愿意做的事就要拒绝,不要总是跟着别人学。

这种回应可能导致以下后果：

自主性受损：如果家长的回应是让孩子无论如何都跟随他人，可能导致孩子觉得自己的选择和意愿不重要，从而损害孩子做出独立决定的能力。

增加内心冲突和焦虑：家长让孩子即使不愿意也顺从同伴，可能会使其内心的冲突和焦虑加剧，这对孩子的心理健康有负面影响。

社交关系的被动性：缺乏有效的拒绝技巧的引导，孩子可能在社交关系中变得更被动，难以维护自己的边界。这可能导致孩子在人际互动中感到不满足和沮丧。

♥ 分析与引导：学习有效表达立场

引导孩子如何有效地表达自己的立场，家长可以先引导孩子认识到自己的感受和需求的重要性，并教授孩子以礼貌和坚定的方式进行沟通的技巧。这有助于孩子在社交环境中保持自身的独立性，他们会知道如何在尊重他人的同时维护自己的界限。

自我感受的识别：教孩子辨识和表达自己的感受，明确什么是自己真正愿意做的，以及什么让自己感到不舒服或有压力。

学习拒绝的方法：以举例的方式教会孩子礼貌拒绝的方法，例如提出替代性的建议，或者解释为什么某件事不适合自己。

学习坚定自信地沟通：教孩子坚定而自信地表达自己的观点，同时保持对他人的尊重。通过练习坦率直接的表达方式，孩子能够尊重自己的感受和需求，明确地传达自己的立场。

下次如果你不想做什么，就直接说，比如'这个我不太感兴趣，我更想……'这样既诚实又不会让别人不高兴。

有自己的想法是好事。你可以说'听起来很有趣，但我可能不太适合。'这样既不伤害同学，又坚持了自己的选择。

用这样的方法回应，能帮助孩子学会如何在复杂的社交场景中保持自己的个性和独立性，同时以尊重和理解的方式与他人交流。在日常生活中，请多鼓励孩子成为既能独立又会考虑别人感受的人。

♡ 改善目标：自信与沟通技能提升

教会孩子如何有效地表达自己的立场，是帮助孩子在复杂的社交环境中成长的关键。这不仅涉及如何坚持自己的意愿，还包括学会尊重并理解他人。通过这一过程，孩子将提升自我认知，学会用更成熟的方式与他人交流。

增强个人自信：孩子通过学习有效表达自己的立场，变得更加自信，能够在社交场合中坚定地表达自己的想法和需求。

提升沟通能力：孩子学习了如何在尊重他人的同时表达自己的立场，从而在社交互动中建立更加健康和平衡的关系。

孩子对自己的感受和需求有了更深入的了解，使他们能够更清楚地了解自己在社交互动中的界限和愿望。这不仅使孩子在与人交往时更加自信，还帮助其建立了更健康、更平衡的人际关系。

孩子不太会表达自己的想法

提升孩子的倾听与表达技巧

孩子在与同龄人的社交互动中可能会遇到误解和沟通障碍。家长需要关注和理解孩子在互动中遇到的问题，如表达不清，误解他人，或在表达自己的感受和需求时遇到困难等。引导孩子加强自我表达能力和交往技巧，更好地建立健康的人际关系和自信心。

♡ 案例描述：孩子的沟通障碍与误解

孩子不太会表达自己的想法

我上初中的女儿在跟同学交流时经常被误解，或者她自己也常理解错别人的话。她好像不太会表达自己的想法，有时候也听不懂别人在说什么。我不知道怎么帮她提高沟通技巧。

哎呀没事，没听懂你就再让他说一遍嘛。

你需要多跟同学交流，不要怕。多说说自己的想法就行了。

这种回应可能导致以下后果：

增加孩子的沟通焦虑：这样的回应可能让孩子觉得只能自行解决沟通问题，从而增加了孩子的焦虑和压力，特别是在不确定如何改进的情况下。

忽略沟通技巧的培养：未能提供具体的沟通指导，可能导致孩子继续在表达自己和理解他人方面遇到障碍，错失提升沟通技巧的机会。

持续的沟通误解：如果孩子的沟通问题没有得到适当的解决，可能会导致其在社交互动中持续遇到误解和困难，影响孩子与同伴的关系。

♥ 分析与引导：提升孩子的倾听与表达技巧

初中是孩子沟通技巧成长的关键时期，此时孩子常常面临表达自我和理解他人的挑战。你可以引导孩子清晰、自信地分享自己的想法和感受；同时，还要教会他们成为一个敏感而周到的倾听者。掌握沟通技能，孩子将能够更自如地与同龄人交流，有效地减少误会，在友谊的道路上稳步前行。这不仅是孩子社交能力的提升，也是走向成熟的重要一步。

情感和需求的清晰表达：教孩子用简洁明了的方式表达自己的情感和需求，帮助孩子更准确地传达自己的想法。

积极倾听与反馈：培养孩子的积极倾听技能，包括专注于对方的话语，并在对话中提供恰当的反馈，以加强双方的理解。

沟通技巧的实践：利用家庭对话和社交场合，鼓励孩子实践不同的沟通策略，如开放式问题和积极反馈，以提高孩子的交流能力。

当你想表达自己时，可以先慢慢组织语言，比如说‘我觉得……’或者‘我认为……’等。

在别人说完后，你可以重复一下他们的话，比如说‘你的意思是……对吗？’这样可以减少误解，让交流更顺畅。

通过上述的引导和练习，孩子将能够在社交场合中更自信地表达自己，并更有效地与他人交流。这不仅有助于他们在学校和日常生活的沟通中减少误解，还能帮助他们建立更稳固的人际关系。

💛 改善目标：提高孩子的沟通能力和社交理解力

孩子更清楚地表达自己的想法和感受，同时更好地理解他人，对于孩子在社交场合中建立健康的人际关系和提升自信心至关重要。

更有效的自我表达：孩子学会了如何更清晰、准确地表达自己的意见和感受，使他们在社交互动中更能被理解和尊重。

提高倾听的能力：孩子通过练习，提升倾听技巧，能够更深入地理解他人的观点和情感，从而在社交互动中与他人建立更深层次的联系。

孩子在日常交流中学会了更加灵活地应对不同的社交情境，能够根据对方的反馈调整自己的沟通方式，这些都能让孩子在社交中更加自如与自信，也为之后的成长奠定了基础。

我的孩子好像情商比较低
培养孩子理解他人的能力

在初中生活中，孩子们的社交圈子迅速扩大，可能会因为缺乏同理心而与同伴产生隔阂。当孩子出现这种人际交往中的困难时，你需要培养孩子理解他人的能力，这有助于他们建立稳固的友谊和社交关系。

💜 案例分析：同理心的缺失

> **儿子好像情商比较低**
>
> 我的儿子上初一了，我发现他在跟同学们的互动中经常出现一些小冲突。他好像情商比较低，不太能理解同学们的感受，有时候说话可能会无意中伤害到别人。我应该怎么做？

你不用太担心这些小冲突，别人怎么想你不需要太在意。

你就直接说你的想法，大家都有自己的看法，不可能每次都相互理解。

这种回应可能导致以下后果：

忽略孩子同理心的培养：这样的回应可能导致孩子继续忽视他人的感受，错失学习理解和同情他人的重要机会。

加剧人际关系的紧张：未能正确引导孩子如何理解他人，可能会导致孩子在人际交往中继续产生冲突和误解。

💜 分析与引导：培养孩子理解他人的能力

孩子可能因为以自我为中心或缺乏理解他人的能力，而在与同伴交往中产生误解和隔阂。

教授情感识别：家长需要教授孩子识别和理解不同情感的表达，比如通过阅读或讨论的方式，让孩子学会识别他人的情绪和需要。

关注并理解他人感受：鼓励孩子在日常生活中多关注并理解身边人的感受，如询问家人的感受，并试图理解他人。

> 试着想一想，如果你在他们的位置，你会有什么感受？这样可以帮助你更好地理解他们。

> 你认为他们为什么会那样做？试着从他们的角度思考问题，你大概就能更理解了。

这样的回应可以引导孩子站在他人的视角思考问题，从而增强他们的同理心。

💜 改善目标：提升同理心、减少冲突和增强社交技能

孩子的同理心会得到提升，与人交往时能更好地关注并理解他人的情感，展现出更多的同情和理解。而随着同理心的增强，孩子在与同伴交往中遇到的误解和冲突显著减少，人际关系变得更加和谐。孩子的社交技能也有所增强，使他们能够更有效地与他人沟通，建立稳固的友谊和人际关系。

结语

对家长说的话

"

　　在孩子步入青春期关键阶段，作为父母，我们扮演着不可或缺的角色。家长的行动和态度，将引导孩子学会如何面对生活。这是一种潜在的、持续的教育方式，对孩子的影响深远而持久。让我们一起努力，成为孩子成长道路上的好榜样，为孩子营造一个充满爱和快乐的家庭环境。

"

携手成长：
在孩子成长路上扮演关键角色

在孩子青春期的关键阶段，作为父母，扮演着不可或缺的角色。你不仅是孩子的引导者、支持者，更是孩子成长路上的伙伴。你的行为对孩子产生着深远的影响。让我们一起看看，你要怎样做才能更好地帮助孩子应对这个成长期。

♥ 温柔的引导，坚定的支持

面对孩子在学习、生活中遇到的问题，你的支持和引导是孩子的重要依靠，你们可以共同探讨解决问题的方法。

例如，如果孩子在学习上感到困难，可以一起制订有效的学习计划或寻找适合的学习资源。在社交方面，如果孩子在建立友谊上遇到障碍，你们可以一起讨论如何与同龄人更好地交流和互动。

及时的鼓励和肯定对于孩子建立自信和应对挑战至关重要，同时也能增强亲子之间的亲密关系。

♥ 适时的鼓励

在孩子成长的过程中，适时的鼓励对孩子是非常重要的。当孩子做得不错时，别忘了及时给他们一些赞扬，比如说：

"你做得真好！"

"我为你感到骄傲！"

如果孩子遇到困难，可以用鼓励的话来激励他们，比如：

"我相信你下次能做得更好"。

这样的话语可以帮助孩子建立自信，感受到家庭的支持和爱。

♡ 信任与尊重

在与孩子的交流中，建立信任和尊重必不可少。当孩子分享自己的想法时，用心倾听，即使意见不合，也要尊重孩子的观点。

比如，当孩子表达对某个学科的不喜欢时，你可以询问不喜欢的原因，再共同探讨解决的方法，而不是简单地驳回孩子的感受。

♡ 成为孩子的榜样

你如何面对生活中的困难和挑战，如何与人交往，甚至你的日常习惯，都在潜移默化着孩子。比如，当家里电器出故障时，你能够冷静地处理并找到解决办法，这样的行为将教会孩子在面对困难时保持镇定。再比如，与邻居和睦相处，彼此帮助，会教会孩子尊重和关爱他人。

此外，积极的生活态度也是非常重要的。在孩子面前展现出乐观积极的态度，比如对新事物保持好奇心，遇到挫折时能够鼓励自己克服等，都会潜移默化地影响到孩子，帮助孩子树立积极向上的生活观。

孩子的父母是孩子的镜子。孩子会通过观察父母的行为来学习如何成为一个更好的人。所以，当我们在日常生活中展现出诚信、责任感和乐观态度时，这些品质会在孩子的心中生根发芽。比如，你坚持锻炼，孩子就会潜意识里认为这是一种好习惯，并可能会模仿。或者，当您在工作中遇到挑战，但依然保持积极态度，孩子也会学会在面对学业压力时保持乐观。

内心丰盈，积极前行：

自我关爱的力量

在孩子的青春期阶段，你可能会感到疲惫和焦虑，这是非常正常的。但请记住，你的心理状态不仅影响着你自己，也直接影响着你的孩子。因此，保持良好的心态，充满正能量，对你和孩子都至关重要。

♥ 关注自我，调整心态

当感觉累了或焦虑时，先停下来，对自己说：

"我也需要休息。"

不要忽视自己的感受，给自己一些喘息的空间。这不是自私，而是为了更好地照顾家庭。

♥ 给自己留些私人时间

在繁忙的育儿生活中，给自己安排一些个人时间非常重要，这不仅能帮助你缓解压力，还能让你以更加积极的心态面对家庭生活。以下是一些建议，帮助你找到那份属于自己的宁静和愉悦：

写日记：反思与释放

当孩子入睡后，找个安静的角落，静下心来写写日记。记录下一天的点滴，无论是喜悦、忧虑，还是琐碎的小事，把它们倾诉于纸上。这样的习惯不仅能帮助你整理思绪，也是一种情绪释放的方式。日后回看这些记录，也许会对这段经历有更深的认识和理解。

自我宠爱：小小的乐趣

偶尔为自己买一束花，或者与朋友外出喝杯咖啡，享受一次简单的聚会。这些小事情能给你的生活带来愉悦，让你的心情变得更加轻松。它们能成为你生活中的小确幸，提醒你生活中除了育儿，还有许多值得欣赏和享受的美好事物。

培养兴趣：放松身心

找一些能让你放松的活动，比如周末观看一部喜欢的电影，或者尝试一些轻松愉快的运动，如瑜伽和慢跑。你也可以尝试一些新的爱好，如园艺、绘画或手工制作。这些活动不仅能够丰富你的闲暇时间，还能帮助你从日常生活的忙碌中抽身出来，享受一段属于自己的宁静和放松。

通过这些简单而有效的方式，你不仅能够照顾好自己的身心健康，还能以更加积极的态度陪伴和引导你的孩子。记住，育儿是一段旅程，而在这个旅程中，照顾好自己同样重要。

♥ 共享育儿路上的甜蜜与挑战

当然，除了个人的自我关爱，夫妻双方的合作也是育儿成功的重要因素。育儿道路上的挑战和快乐，需要夫妻双方共同承担和分享。在繁忙的生活中，找时间坐下来，与伴侣交流一下孩子的成长情况，分享一下自己在育儿上的感受和担忧，这样能增进彼此的理解和支持。

例如，可以在孩子睡觉后，和伴侣聊聊孩子在学校的表现，讨论一下对孩子未来教育的想法。或者在周末，一家人一起出去郊游，或做一次家庭烹饪，这样的活动不仅能增加家庭成员间的互动，也能让你和伴侣在轻松的氛围中交流。

一起面对困难，一起分享成长的快乐，这将使你的家庭关系更加稳固、和谐。